ブルシット・ジョブの謎

クソどうでもいい仕事はなぜ増えるか

酒井隆史

講談社現代新書
2645

目次

第0講 「クソどうでもいい仕事《ブルシット・ジョブ》」の発見

ある観察者が見た世界

このようにまず想定してみましょう。

ひとつの世界があって、それをある人間が観察しています。

そこでは人はあくせく朝から晩まで仕事をしています。しかし、観察者の目には、その仕事のかなりの部分がなんの意味もなく、たとえば、必要のない穴を掘ってはひたすら埋めているとか、提出後すぐに保管されて二度とみられることのない書類をひたすら書いているとか、そんな「仕事のための仕事」にいそしんでおり、ほとんど仕事のふりをしているようにしかみえません。そのような仕事がなくても、この世界で生まれている富の水準は維持できるだろうに。

ところが、こうした仕事をやっている人は概して社会的な評価が高く、それなりの報酬をもらっています。それに対して、社会的に意味のある仕事をやっている人、おそらくかれらがいなければこの世界は回っていかないか、あるいは多数の人にとって生きがいのない世界になってしまうような仕事をやっている人たちは、低い報酬や劣悪な労働条件に苦しんでいます。しかもますます、かれらの労働条件は悪化しているようなのです。

観察者は、いったいどうしてこんなことになったのか、調べてみようとおもいます。

まず、いまのこの状況を100年前の視点からみるとどうなるか、検討しました。するとおおよそ100年前には、働く人たちは組合を組織して、賃上げよりも、労働時間を短縮すること、自由時間を獲得することに重きをおいていたことがみえてきました。そしてその根底には、労働から解放されたいという動機があることがわかりました。

そしていまでもとても尊敬されているその世代随一の経済学者も、100年後には、技術の向上やそれに由来する生産力の上昇によって、人は一日4時間、週3日働けばすむようになっていると予言しています。

100年前のこうした人たちの要求と予言をあわせるなら、そうなっていてもおかしくないのです。

ところが、この世界はそうなっていません。人は、ただひたすら穴を掘っては埋めることに時間をついやすことを選んだようにみえます。

観察者は、この世界のなかに入ってフィールドワークをはじめました。

すると、意外なことがわかります。じぶんたちの仕事が穴を掘って埋めているだけだ、とか、だれも読まない書類を書いているだけだ、と、仕事に就いているかなりの人が気づいていて、しかも、それに苦しんでいることです。

そしてそのような精神状況がうっすらとこの世界を覆い、職場だけではなく社会全体が殺気立っていること、険悪になっていることに気がつきます。

この観察者は、その理由を考えます。

50年ぐらい前（１９６０年代）には、ほとんど働かないですむような世界を多くの人たちがもとめはじめた時代がありました。そして経済学者の予想した通り、客観的にも、可能性としては、その実現は遠いものではなくなっていました。

ところが、世界を支配している人々からすると、それが実現するということは、人々が、じぶんたちの手を逃れ、勝手気ままに世界をつくりはじめることにほかなりません。そうすると、じぶんたちは支配する力も富も失ってしまうことになります。

そこでかれらは、あの手この手を考えます。

そのなかのひとつが、人々のなかに長いあいだ根づいている仕事についての考え方を活用し、あたらしい装いで流布させることでした。

その考え方とは、仕事はそれだけで尊い、人間は放っておくとなるべく楽してたくさんのものをえようとするろくでもない気質をもっている、だから額に汗して仕事をすることによって人間は一人前の人間に仕立て上げられるのだ、と、こういったものです。

こういった考えを強化させつつ、二度と仕事から解放されようとか、自由に使える時間が増やそうとか、人生のほとんどの時間を生きるためにだれかに従属してすごさなくてすむとか、考えないよう、支配層にある人たちは、その富の増大分をほとんどわがものにし、仕事をつくってそれに人を縛ったうえでばらまくのです。

こうすると、なにかおかしいな、とおもっていても、でも仕事をするということはそれだけで大切だ、むなしかったり苦痛だったりするけれども、だからこそむしろ価値がある、というふうに、人は考えてしまいます。なにかこの世界はおかしいけれども、それがおかしいと考えることがおかしいんじゃないか、と多くの人が疑念を打ち消すことによって、この砂上楼閣のような世界はかろうじて成り立っているのです。

成り立っているといっても、そのなかは不満で充満しています。うすうすむなしいとおもいつつ仕事をしている人たちは、むなしくなさそうな人たちをことあるごとに攻撃しています。そうした人たちが、労働条件をもう少しよくしようとしてストライキでもしようものなら、容赦のない攻撃がくり広げられます。そして、技術的条件によって仕事がどんどん不要になっていくという社会の趨勢のなかで、多数の人たちが失業状態になっていきます。そうすると、かれらに対して、残りの人たちのほとんどすべてから「怠け者」とか「たかりや」といった罵声が浴びせられます。つまり、この砂上楼閣は緊張感がみなぎっていて、いわば、ごく一部を除いてだれも得をしないというか、みんながみんなを不幸にしあう悪意のぶつけあいによって、ぐらぐらと揺れているのです。

こうしてこの観察者は、その観察の結果を日本語の文字数にしておよそ6000字程度の小レポートとしてまとめ、ウェブに公開します。そのさい、この世界のかなりの人たちがみずからもうすうすそう感じながらやっている「どうでもいい仕事」に、「ブルシット・ジョブ」（BSJ）という言葉をつくってあてはめました。

無意味な仕事をする人々

この小レポートは、いまの世界には、まったく無意味で有害ですらある仕事、しかも当人すらそう感じている仕事がたくさんあって、かつそれが増殖しているという、常識外れの内容です。というのも、ふつう、市場原理をもってムダを省き、効率化や合理化をはかることがなによりも重視されていて、したがって容赦のない人員削減があちこちで起きているのが現代だ、というイメージがとても強いからです。いったい、そんなお話がどう受け取られるのか、まったく無視されてしまうのではないか、と報告者も半信半疑でした。

ところが意外なことに、すぐさま世界中からおどろくほどの反応があったのです。しかも、それらの反応の多くが、じぶんがなにをしているのか、なにに悩んでいるのか、怒っているのかわかった、という内容でした。

その反応をみたある世論調査代行会社（YouGov）が、仮説の検証を買ってでることになりました。その小レポートの文言をそのまま引用してイギリスでの世論調査を実施したのです。

すると、これもおどろくべき数字がでました。「あなたの仕事は、世の中に意味のある貢献をしていますか？」という質問に対して、3分の1以上（37％）が、していないと回答したのです（しているという回答が50％、わからないと回答したのが13％）。報告者はこの半分ぐらいだろうと予想していたのですが、実際はその倍だったのです。それから、オランダにおける世論調査がつづきます。ここではもう少し高く、働く人の40％が、みずからの仕事にはたしかな意味がない、と回答したのです。

報告者は、いまや統計的な調査によって、圧倒的なまでに証明されてしまったと感じました。

それから、この報告者、すなわち人類学者のデヴィッド・グレーバーは、そのあとに追加でおこなった調査をふまえ、小論を一冊の大きな本にして、２０１８年に公刊します。それが今回とりあげる『ブルシット・ジョブ――クソどうでもいい仕事の理論』という本です。

日本語の翻訳書は２０２０年に岩波書店から公刊されました。わたしはその翻訳者の一人ですが、わたしたちもおもいもよらぬほど、日本でも大きな反響を呼びました。もちろん、このような入門書を柄にもなく書いているのも、そのためです。

『ブルシット・ジョブ』は、たくさんの人がみずからの仕事の苦境を語る証言であふれていて、それだけをピックアップして読んでも大変おもしろいです。それだけでもなにか響いてくるものはあるとおもいます。

それを分析していくグレーバーの語り口も、けっしてむずかしいものではありません。かれの語り口は、専門的領域をこえ、一般の人にもわかるように、明晰で、かつ興味深いエピソードとユーモアにあふれています。

ただ、錯綜しているのです。書いているうちにあれこれいいたいことがつめこまれて、読む側は個々の議論に気を取られているうちに、筋を見失ってしまうことが多々あるのです。あれはおもしろかった、これは重大だとなるのですが、じゃあ、いったい全体としてなにをいってたの、と問われると、翻訳者ですら、あれ、どういうことだっけ、となることがしばしばなのです。

また、やはり分量もあり、また密度も高いので、途中で挫折したという声も多くうかがいました。

そこで、ここでは翻訳者の一人が、じぶんなりにかみ砕き、また補助線をひいて、なるべく多くの人がわかるような筋道をえがきだしてみたいとおもいます。

わたし自身が迷宮にさまよいこむこともあるかもしれませんが、ご容赦いただきたいとおもいます。そういう場合は、遠慮なく飛ばしていただいてもかまいません。

『ブルシット・ジョブ』の論点

さて、最初にかんたんに『ブルシット・ジョブ』の内容をまとめてみました。このラフなまとめのうちにも、この本をおおまかに構成する四つの論点がひそんでいます。

(1)「ブルシット・ジョブ」とはなにか？　どんな種類があるのか？
(2)「ブルシット・ジョブ」に就いている人たちはどのような精神的状況にあるのか？
(3)「ブルシット・ジョブ」がどうして、こんなに蔓延しているのか？
(4) どうしてそのような状況が気がつかれないまま、放置されているのか？

作者のグレーバーは、ブルシット・ジョブ現象に三つの次元からアプローチするといっています。右でいうと、(1) はまず土台となる論点であるとして、おおまかに、(2) が

【1】に、(3)が【2】に、(4)が【3】に対応すると考えておいてください。

【1】個人的な次元。なぜ人々はＢＳＪをやることに同意し、それに耐えているのか？
【2】社会的・経済的次元。ＢＳＪの増殖をもたらしている大きな諸力とはどのようなものか？
【3】文化的・政治的次元。なぜ経済のブルシット化が社会問題とみなされないのか？　なぜだれもそれに対応しようとしていないのか？

この講義は必ずしも『ブルシット・ジョブ』を読んだ読者を念頭においているわけではありません。もちろん、いったん読んでから、あるいは、手元において対照させながら読むと理解が深まることはいうまでもありません。でも、まだ読んでいないが内容については気になっている、これから読もうとおもっている、あるいはとても読めそうにないがなにをいっているか知りたい、といった読者にも、なるべくわかるよう、要するに、『ブルシット・ジョブ』を読まなくてもかなりの程度は理解できるように構成したつもりです。

本書『ブルシット・ジョブの謎』の構成はつぎのようになります。

『ブルシット・ジョブ』の目次もあげておきます。

第三章　なぜ、ブルシット・ジョブをしている人間は、きまって自分が不幸だと述べるのか？（精神的暴力について、第一部）
第四章　ブルシット・ジョブに就いているとはどのようなことか？（精神的暴力について、第二部）
第五章　なぜブルシット・ジョブが増殖しているのか？
第六章　なぜ、ひとつの社会としてのわたしたちは、無意味な雇用の増大に反対しないのか？
第七章　ブルシット・ジョブの政治的影響とはどのようなものか、そしてこの状況に対してなにをなしうるのか？

いまみたように、本書の第0講は『ブルシット・ジョブ』の序章にあたります。第1講と第2講は、『ブルシット・ジョブ』の第一章と第二章におおよそ該当します。議論の土台をつくる部分であり、小論公刊後の反響のなかでの調査の結果をふまえ、「クソどうでもいい仕事」すなわち「ブルシット・ジョブ」に、なるべく厳密な定義を与え、そしてそれにどんな種類があるのかを分類し列挙している部分です。本書では、まずBSJの分類をみながら、具体的にBSJとはどんなものかを、みなさんに感じていただき、それからBSJというユニークな視点を獲得するまでの著者の問題意識の変遷もたどって、議論の文脈を少し掘り下げてみたいとおもいます。

第3講では、ＢＳＪに就いているということで人はどういう精神状況におちいっているのか、いわばＢＳＪの精神分析をおこないます。これは『ブルシット・ジョブ』の第三章と第四章にあたります。

第4講では、ＢＳＪふくむ「仕事のための仕事」が、現代のみならず、資本主義の歴史のなかに、とりわけ20世紀の歴史のなかにどのように存在してきたか、そしてそれがどのように変化して現在のＢＳＪになったのかを考察してみたいとおもいます。これは『ブルシット・ジョブ』全体で少しずつふれられている論点ですが、本書ではそれを主題にあげてみたいとおもいます。

第5講では、現代のＢＳＪの背景にある「ネオリベラリズム」というイデオロギーあるいは支配形態のあり方をみていきます。これも『ブルシット・ジョブ』では前提としておかれていますが、正面切って議論されているわけではありません。本書では、ＢＳＪとはなにかをよく理解するためにも不可欠であるこのネオリベラリズムという現象を、最新の研究をふまえながら俎上にあげます。さらにこれもまたグレーバーの官僚制論も、ここで導入して、ネオリベラリズム、官僚制、そしてＢＳＪとが、いかに密接不可分に連関しているかを検討することで、ＢＳＪ論の全体像をえがいてみたいとおもいます。

第6講では、そんなＢＳＪが、なぜ、どのようにして、いま増殖しているのかを考えます。これは『ブルシット・ジョブ』では、第五章にあたります。

第7講では、「エッセンシャル・ワーク」やケア労働に焦点をあててみます。『ブルシット・ジョブ』ではこの用語は出てきませんが、事実上、BSJ論は、いわば「裏返しのエッセンシャル・ワーク論」でもあります。「不必要な労働」を論じているわけですから。この論点はBSJの核心をなしていますが、『ブルシット・ジョブ』では第六章と最終章の第七章で主要には論じられます。

第8講、そしておわりにでも、第7講の延長上で考察をつづけながら、BSJの世界からの脱出の道筋をえがいてみたいとおもいます。これも『ブルシット・ジョブ』で第七章におおよそあたります。

さて、本書と『ブルシット・ジョブ』の概要を確認してみました。ここからが本番です。

・以下では、2013年の小論(『ブルシット・ジョブ』序章に再掲された)については、「2013年の小論」ないし「小論」と表記します。
・単行本となった『ブルシット・ジョブ』については『ブルシット・ジョブ』と表記します。
・『ブルシット・ジョブ』からの引用ソースは、「BSJ 翻訳版ページ数」といった形式で表記します。
・ブルシット・ジョブについては、すべてではありませんが、BSJと略記します。
・『ブルシット・ジョブ』ふくめ、翻訳書からの引用文については、筆者が訳し変えているところがあります。

第1講　ブルシット・ジョブの宇宙

世界中から集まったBSJ証言

そもそも「ブルシット・ジョブ」とかいわれても、耳慣れない造語ですし、なんとなくわかるようでわからない感じをもたれている方も多いのではないかとおもいます。
そこでBSJとはなにかについてあれこれ切り込むまえに、まずBSJとは具体的にどのようなものか、そのイメージをつくってみたいとおもいます。

2013年の小論は、グレーバーが理論的に考えていたことと直感のラフな提示でしたが、それが予想外の反響を呼んだことで、かれのもとには当事者からの報告が多数集まることになります。さらにそれをみたグレーバーは積極的にSNSを利用して、BSJについての報告を募集します。それによってかれのもとには英語圏を中心にして、しかしそれだけではなく世界中から膨大な情報が集まりました。それをもとに、『ブルシット・ジョブ』は書かれているわけですが、かれはそのソースをおおよそ二つにわけています。

一つ目は小論の公表のあとに、ウェブ上のブログやホームページなどにあげられたＢＳＪの経験についての情報。グレーバーは、１２４のウェブページをダウンロードし、時間をかけて整理したということです。

二つ目のデータは積極的に募集をかけたもの。２０１６年の下半期に、グレーバーは、調査用のｅメールアカウントを作成し、さらには自身のツイッターアカウントを利用して、直接的な体験談を送ってくれるように呼びかけます。短いものから論文なみに長大なものまで、最終的に、２５０を超す証言が集まりました。

それらの応答を整理すると、11万語を超えるデータベースになりました。それらを入念に分類します。

質的分析としてはこのうえなくすぐれた資料である、とかれは自負しています。とりわけ多くの場合で追加の質問を実施できたこと、ときにインフォーマント（情報提供者）と長い対話を交わすことも、資料の質の向上に有益であった、とつけくわえます。また、『ブルシット・ジョブ』でキーとなる概念のいくつかは、このようなインフォーマントとのやりとりのなかで、グレーバー自身、示唆を受けたり、触発されたり、あるいは実際に知見や概念を借用したりしたものであるから、この研究は、ある意味で共同のプロジェクトだともみなしうるといっています。とくに、以下の類型学にとっては、それが強い意味をもっていたようです。

こうした過程をへて、小論にはまだなかったBSJの定義が『ブルシット・ジョブ』ではおこなわれます。次講でこれについては詳細に検討しますが、まずそれをぼんやりとでも念頭においておいたほうがよいとおもわれるので、あげておきます。

BSJとは、被雇用者本人でさえ、その存在を正当化しがたいほど、完璧に無意味で、不必要で、有害でさえある有償の雇用の形態である。とはいえ、その雇用条件の一環として、被雇用者は、そうではないととりつくろわ《プリテンド》ねばならないと感じている（BSJ 27〜28）

さて、それではBSJにはどのような種類のものがあるのか、グレーバーの分類によりながらみていきましょう。

（1）取り巻き《フランキー》

まずは「取り巻き」、フランキーです。

英語では、flunkies、flunkyの複数形です。「腰巾着、下働き、太鼓もち、おべっか使い」などの意味があります。『オックスフォード上級学習者用辞典』によれば、「a person who tries to please somebody who is important and powerful by doing small jobs for them」。すなわち、「ささいな仕事（small jobs）をおこなうことで大物や権力者をよろこばせようとする人間」という意味です。それをふまえたグレーバーによる「取り巻き」の最小の定義は、「だれかを偉そうにみせたり、偉そうな気分を味わわせるという、ただそれだけのために（あるいはそれを主な理由として）存在している仕事」です。

そんな仕事、いまどきあるのか、とおもうかもしれません。ところが、それがたくさんあるのです。たとえば、まずあがるのがドアマンです。ビルという人物の証言です。

わたしが勤務時間中にすることといえば、［マンションの］住人がロビーを通るたびにあいさつして、正面玄関の開閉ボタンを押すことだけでした。管理者いわく、わたしがまにあわずにボタンを押し損ねたとしても、住人は自分の手でドアを開けるだろうね、だそうです（BSJ　53）

高級マンションなんかだと、白い手袋をしたこうしたドアマンを雇っているところがありますよね。かれらはいてもいなくてもいいのですが、ただその高級感、そこに住んでいる人間が富を人一倍有している重要な人間であるという気分にさせるためだけに存在しているのです。

これはわかりやすい例ですが、あきらかに必要のないところにおかれている受付やフロント係もその延長上にあります。たとえば、ゲルテというオランダの出版社で受付嬢をやっていた女性の証言があげられます。受付嬢としてフルタイムで雇用されていながら、実際の仕事はほとんどありませんでした。電話も一日一本あるかないかです。というわけで、彼女にはさすがに、別の仕事も与えられていました。こう彼女は説明しています。

・キャンディのお皿にミントキャンディを補充すること（ミントキャンディは、会社にいるだれかほかの方々が買い置きしてくれています。わたしはただ、ひきだしからキャンディをひっつかんで、となりの皿に放るだけでした）。
・週に一度、会議室に行って柱時計のネジを巻くこと（この仕事は、実はけっこう苦痛でした。なんでかというと、もしわたしが忘れたり遅れたりして振り子が落ちようものなら、わたしがその柱時計を修理しろといわれていたからです）。
・いちばん時間を費やした仕事といえば、もう一人の受付嬢からの化粧品のセールスをなんとかしてあしらうことでした（BSJ　54）

なぜそのような仕事をおいておくのでしょう。グレーバーのここでの回答は、「ちゃんとした会社である証明」だから、というものです。受付をおいているような会社だからこそ、作家をはじめとした取引のある業者からも「だいじょうぶか、この会社」といった疑念をもたれることがない、まさにそのためのあかし、原文の表現でいうと「シリアスネスのバッジ」なのです。

このような「バッジ」が、野心的な会社員個人に使われることもあります。証券取引会社の社員ブローカー（仲買人）に雇われていたジャックという人物は、「コールドコーラー」というわば電話勧誘の仕事をやっていました。かれはこのブローカーの代理として、どこからくすねられた（企業のなかにそうした社内個人情報のコピーを業者に売る人間がいるのですね）企業の構成員名簿を使って、めぼしいお偉方に証券を売り込むわけです。本当はブローカー当人がやってもよいのです。かれはそれほど忙しいわけではありません。しかし、それをジャックにじぶんのポケットからの週200ドルの支払いでやらせることで、じぶんをエラくみせることが大事なのです。ジャックは、「いま○○会社の××（ブローカーの名前）の代理としてお電話さしあげております」といいながら、株式市場でこれから有望の企業について無料で資料をごらんにいれます、などといったところから攻めていきます。ジャックは、なぜジャックがそれをやるのか、その論理について、みずからこう分析しています。

こんな電話をかけるのにもアシスタントが必要なくらいクソ忙しく稼いでいるんだとすれば、そのブローカー本人は、顧客となる見込みのある人間にとって、よりいっそう有能な専門家にみえるだろうということです。この仕事には、隣にいるブローカーを実際よりも勝ち組であるようにみせる以外に、まったくなんの目的もありません（BSJ 55）

こうしてこの社員ブローカーは、外にむけてこけおどしを使うだけでなく、すごく競争的である社内でも――証券会社などの社員のあいだでの競争はすごいですよね――ハクをつけ、重要人物とみなされ、重要なミーティングに出席できるようになるのです。

これはわかりやすい例でしたが、もうひとつ、複雑になるとこういう状況もあらわれます。ある企業で働くオフィーリアという女性の例です。彼女の肩書きは「ポートフォリオ・コーディネーター」という謎めいたものですが、当人すらいまだになにがなんだかわからないらしいです。

彼女のやっていることは、お偉方の「パーソナル・アシスタント」（むかしでいう「秘書」でしょうか）ということらしいのですが、彼女の仕事は、かれらにはそんな仕事、エラすぎてできないという理由であてがわれます。だからといって、かれらがその人たちにしかできない仕事で忙しくしているわけではありません。かれらが、なにもせず椅子に座ってぼーっと壁をみていたり、毎日30分かけてバックパックを整理したりしているなか、彼女だけがあくせく忙しくしているといったありさまなのです。ところが、こうした論理のもとで仕事がつくりだされると、倒錯した力学が作動をはじめます。多忙だという印象を管理職が与えるために女性の部下に職務を押しつければ押しつけるほど、じぶんたちの仕事は減っていって、その結果、かれらはますますやることがなくなり、オフィーリアのような人だけがやたらと忙しいといった事態が生まれるのです。そこに待っているのは、少量の必要な仕事とスタッフの多忙を維持するためだけにあるでっちあげの仕事です。オフィーリアは、この例として、二つの自社ビルのあいだを管理職が行き来するとき、毎回、他方のビルの部屋を予約するための書類を作成しなければならない、という職務をあげています。これによって、彼女と他方のビルの受付は多忙が保障されるわけです。つぎの彼女の言葉は、その状況をうまく洞察しています。

……そのおかげで、こうした諸々のペーパーワークをやりくりせねばならないわけで、受付係をとても有能にみせるのです。事務手続きの能率化に資する人材求むという求人広告が本当に意味しているのは、まさにこういうことだという気がしてきました。つまり、時間つぶしのために、さらなる官僚仕事をつくりだすということです（BSJ 58）

ここで少し問題はあいまいになります。オフィーリアの仕事は「ブルシット」として生産されています。ところが、ブルシットな仕事もたくさんしていますが、実質のある仕事も彼女（たち）が一手に引き受けています。「取り巻き」が、実質のある仕事をこなしていて、それによって取り巻かれる人間たちの仕事は、ますますブルシット化していくというわけです。

グレーバーは20世紀における女性秘書の役割をふり返っています。「名目上では、秘書とは電話対応や口述筆記、重要度の低い書類整理などのために置かれるものだが、実際には、しばしば上司の仕事の八〇％から九〇％、ときには非ブルシットな部分の一〇〇％を、彼女たちはこなしていた」。その現代版が、このオフィーリアのような「パーソナル・アシスタント」なのです。そしてここには、もちろんジェンダーの関係がひそんでいます。男性は派手であるがしばしば空疎な仕事を演じ、女性が地味だけど実質のある仕事でそれを支えるという構図です。

いずれにしても「不必要な取り巻き《フランキー》がいったん雇われたならば、なんらかの仕事が取り巻きに与えられるかどうかは、まったくもって二次的な問題でしかない」（BSJ 60）のです。問題は、とにかく「取り巻き」を雇うことです。それからは、たまたまその企業で、どういう組織編成になっているのか、やるべき仕事が多いのか少ないのか、目上の人間の要求や態度はどうか、ジェンダーの力学はどう作用しているか、制度的な制約にはどのようなものがあるか、こういった要素しだいなのです。

(2) 脅し屋《グーン》

つぎに「脅し屋」です。goons。goonの複数形です。先ほどとおなじ辞書によれば、goonとは、「a criminal who is paid to frighten or injure people」、すなわち、「雇われて人々を脅したり危害をくわえたりする犯罪者」で、ふつう、やくざ、ならず者、ごろつきなどといった日本語があてられています。さらに、労働争議などで雇われて脅しつける人間という含意もあります。

これはいささかぎょっとする人もいるかもしれません。なにしろ、脅したり危害をくわえたりする犯罪者ですから。そんなことしてる人間、探してもなかなかいそうにありません。

もちろん、これは比喩です。グレーバーの最初の定義は、「その仕事が脅迫的な要素をもっている人間たち、だが決定的であるのは、その存在を他者の雇用に全面的に依存している人間たち」です。要するに、人をなにか脅したてるような要素をもった雇われ人ということですね。さらにかれは、「脅し屋がみずからの仕事を不愉快におもっているのは、その仕事がただポジティヴな価値を欠いているだけでなく、他人を操ろうとしたり脅しをかけるものだとみなしている」ともいっています。

例としてあがるのは、まずこれは想起した方もいるとおもいますが、軍隊の人員です。あるいは、ロビイスト、企業弁護士、広報専門家などです。

ここで検討される、ロンドンのアメリカ人所有になる大規模映像制作会社で働くトムの事例は、もっとも印象的な証言のひとつで、重要な意味をもってもいます。

わたしはロンドンに設置されたアメリカ人所有の巨大な映像制作会社で仕事していいます。わたしの仕事には、とても楽しく、やりがいにあふれたところもあります。たとえば、映画スタジオのために自動車を宙に飛ばし、ビルを爆破し、エイリアンの宇宙船を恐竜に攻撃させたりして、世界中の観客にエンターテインメントを提供するのです。

ですが最近は、顧客のなかに広告代理店の割合が増えています。それらの企業は、シャンプーやら、歯磨き粉やら、保湿クリーム、洗剤なんかの、有名ブランド製品の広告をもってきます。そして、われわれは視覚効果のトリックを使って、それらの製品が実際に効き目があるようにみせかけます。

われわれはまた、TVショーやミュージック・ビデオの仕事もします。女性の目元のたるみを消し、髪に艶をもたせ、歯を漂白し、ポップスターと映画スターをスリムにみせたり……などなど。肌にエアブラシをかけてシミを消し、歯並びを整え、色調を変えて歯を白くみせます（洗剤の広告でも衣服におなじことを施します）。シャンプーのコマーシャルでは、枝毛を塗りつぶし、髪の艶を強調しますし、人間をスリムにみせるデフォルメ用の特殊なツールがあります。この手の技術は、実に、テレビのありとあらゆるコマーシャルにくわえて、ほとんどのテレビドラマや、たくさんの映画でも使用されています。なかでも女優に用いられますが、男性もまた対象とされます。われわれは視聴者が番組本編をみているあいだは自分たちに欠陥があるようにおもわせ、CMタイムにはその「欠陥への」「解決策《ソリューション》」「商品」の効能を誇張してみせるのです。

わたしは、この仕事で年間一〇万ポンドの収入を得ています（BSJ 63）

グレーバーが、かれにどうしてじぶんの仕事をブルシットとおもうのか、問いかけると、こう応答が返ってきます。

価値のある仕事とは、あらかじめ存在している必要性に応えたり、人が考えたこともない製品やサービスをつくりだして、生活の向上や改善に資するような仕事ではないでしょうか。わたしは、ずっと昔の仕事はほとんどがこういう種類の仕事で、われわれが暮らしてきたのはそういう世の中だったはずだと信じています。いまとなっては、ほとんどの産業では供給が需要をはるかに上回っていて、それゆえ、需要が人工的につくりだされるのです。わたしの仕事は、需要を捏造し、そして商品の効能を誇張してその需要にうってつけであるようにみせることです。実際、それこそが、広告産業になんらかのかたちでかかわるすべての人間の仕事なのだといえるでしょう。商品を売るためには、なによりもまず、人をあざむき、その商品を必要としていると錯覚させなければならない。もしも、そんなことにわれわれが携わっているのだとすれば、こうした仕事がブルシットでないとはとてもいえませんよね［強調引用者］（BSJ 64）

この証言は、グレーバーもいうように、みずからの仕事がなぜブルシットなのか、その尺度となる社会的価値を当人が言語化していることで、きわだっています。トムは、消費文化そのものをブルシットとしているわけではありません。いわば「誠実なる幻想といんちきな幻想をわけている」のだ、とグレーバーはいいます。もともと誠実な幻想を通じて人の必要に応じたり、創造的な革新によって人の生活の向上や改善に資するものだったのが、いまでは、人をあざむいて、錯覚させ、高圧的に人にモノを買わせているということです。しかも、そのやり方といえば、人がじぶんに欠陥を感じるようにしむけ、その不安に乗じてモノを売りつけるといったやり方です。「誠実なる幻想が世界によろこびを招き入れるのに対し、いんちきな幻想は、その世界は安っぽくてみじめな場所なのだと人に信じさせることを意図的に狙っているのである」。たしかに、消費スパイラルに落ち込んだ人がよくいいますよね。これを買うと少しでもじぶんの世界が変わるのではないか、と。たいてい、結局、一瞬高揚したとしても、すぐにまた欲求不満に舞い戻ります。CMも、そのような人の欲望に巧みに働きかけます。わたしたちの提供する「これ」のある世界は、あなたの世界よりもっとすばらしい、と。とすると、あなたの世界はいつも「これ」のある世界より貧しく、みじめなものである、というメッセージがそこには込められているわけです。まあ、この商品をじぶんだけもっていないなんて、わたしはなんてみじめ、というイメージをストレートに表現しているCMもありますが、いずれにしても、そのようなメッセージを発することで高い報酬をもらっていることにこのトムは耐えられなかったのです。

(3) 尻ぬぐい《ダクト・テーパー》

つぎに、「尻ぬぐい」です。原文では、duct tapers。ガムテープのような補修テープを意味するのですが、ソフトウェア産業で、補修作業についてこの言葉が用いられていたようです。グレーバーはそれを使いながら、さらに一般化できるといっています。要するに、ダクト・テーパーとは「尻ぬぐい」であって、「組織のなかに欠陥が存在しているためにその仕事が存在しているにすぎない被雇用者」のことです。「組織のなかの欠陥」には、たとえばわかりやすい例としては、目上の人間の不注意や無能もあてはまります。部下はその「尻ぬぐい」をしなければなりません。中小企業で働く、マグダという人物の証言があがっています。それによれば、マグダは「テスター」なる役割を引き受けていたようなのですが、その仕事は「花形気取りの統計調査員」が作成した報告書の校正でした。その統計調査員は、統計をよく理解しておらず、かつ文章もひどかった。ところが、修正にもなかなか応じてくれない。そこでマグダは苦しんでいるのです。

ただ、これは一人の人間の欠陥に一人の部下が苦労するという例ですが、もうひとつ、一人の人間の欠陥を部署全体で尻ぬぐいするといった事例もあげられています。精神科医でもある社長の経営する会社にプログラマーとして雇われたヌーリの事例です。この例も、『ブルシット・ジョブ』のなかで記憶に残るものです。この社長は科学革命家の幻想に酔っていて、人間の発話を再現する「アルゴリズム」を開発するという目標にむかって邁進しています。ところが、

その会社を設立した「天才」が、このウィーンの心理学者で、「アルゴリズム」を発見したとのたまっている人物です。何ヶ月ものあいだ、そのアルゴリズムを、かれはけ

っしてみせようとしませんでした。なのでここに書くのは、それを使ったプログラムの話です。

その心理学者のプログラムは、妥当な結果をあげることに失敗しつづけました。典型的なパターンはこうです。

・かれのプログラムが、バカバカしいほど基本的な文章で停止してしまうのをわたしが指摘する。

・かれは「あれ……変だなぁ……」と眉をひそめ、まるでわたしがそのデス・スター［『スターウォーズ』にでてくる難攻不落な要塞］の取るに足りない弱点でもみつけたみたいに戸惑った顔をみせる。

・二時間ほど、穴蔵みたいな自室にこもって姿を消す。

・バグを解決したと勝ち誇って登場──「今度こそ完璧だ！」。

・ふりだしに戻る（BSJ　69）

こうした一人の人間の奇矯なるふるまいの後始末を部署全体がやっています。発話を再現するアルゴリズムなどできないことを隠すために、ごくシンプルな発話を模倣するプログラムを作成し、それによって、この会社の内実が漏れるのを阻止しているのです。

基本的に、尻ぬぐいの仕事の多数は、だれもあえて修正しようとしなかったシステム上の欠陥の後始末にあります。手が回らなかったとか、予算が足りなかったとか、人員を減らしたくなかった（部下を減らしたくなかった）とか、組織が混乱しているとか、あるいはその複数とか、いろいろな理由はあります。その結果、自動化されなかったり、ちぐはぐのままだったり、先ほどみたように不適任者が居座りつづけたりとか、そうした結果が温存されます。それをBSJでカバーするほうが選ばれるのです。このようなことって、なんとなくわかりませんか？　社内のネットワーク設備の欠陥がいつまでも修正されることなく、それゆえにウェブベースと紙ベースの二つの作業が並行して存在しながら、仕事が倍加するといった経験など、多くの人がざらに経験しているのではないでしょうか。まさにそれは構造的欠陥の「尻ぬぐい」なのです。

ここでまた、グレーバーは重要な指摘をしています。やはり、ジェンダーにかかわる問題です。社会的次元において、歴史的にみて女性たちが男性たちの尻ぬぐいの役割をはたしてきました。「地位ある男たちは、自分の周囲で起きていることの半分も気づかぬままに暮らしては、数多くの人間をふみつけにしてきたのである。かれらのエゴをしずめたり、気を落ち着かせたりといった感情労働を担い、かれらの起こした問題を丸く収めるべくやりくりしてきたのは、一般的には、かれらの妻や姉妹や母や娘たちだった」。そして、もうひとつ、物理的生産という点でみると、尻ぬぐいとしての古典的労働者階級というイメージがあらわれます。グレーバーは、建築の事例をあげています。有名建築家が奔放につくりだした計画を実現させるときに、そこで生まれるギャップを、現場の労働者たちが埋めるというような作業のことです。ただし、それ自体は必ずしもブルシットではありません。ふつう、こういう計画と実地の次元は多かれ少なかれズレるものだからです。問題は、「その計画がうまくいかないことがあきらかである場合、有能な建築家ならばそれをわかっているべきだった場合である。つまり、あまりにシステムがばかばかしく設計されているためその失敗が完全に予見できるのに、問題を解決しようとするより、もっぱら損害に対処するためだけのフルタイムの従業員を雇おうとする方を、組織が選ぶような場合」です。ここをあえて強調したいのは、このままとはいえないにしても、日本でこうした事態が頻発していることは容易に想像できるからです。失敗が予見できる計画を、専門家をふくむさまざまな批判にもかかわらず、無視して突っ走って、しわよせが現場の下請けに押しつけられるなどということは、失敗が大きな確率で予測できるのに、あるいは失敗があきらかになってからすらも構造的に計画を途中でやめることがきわめて困難である日本では、深刻なレベルで蔓延しているだろうからです。

(4) 書類穴埋め人《ボックス・ティッカー》

書類穴埋め人の原文は、box tickers。これは、box ticking に由来しています。「書類穴埋め人」とはまた、もっさりした訳語ですが、書類のチェック欄にレ点を入れる、つまりチェックするということですね。おそらく、そこから転じて、「官僚主義的手続き」「お役所仕事」という意味を帯びています。定義は「ある組織が実際にはやっていないことをやっていると主張できるようにすることが、主要ないし唯一の存在理由であるような被雇用者」です。

これはたぶん、BSJの作業としては、わたしたちのほとんどがかかわっている問題ですよね。たとえば、確定申告をやったことのある方なら、あの「書類作成」に、そしてオンラインで簡素化されたといわれる、あの「書類作成」のハードルにふるえあがる気持ちもわかるのではないでしょうか。およそ、コンピューターによる「簡素化」とされるもので、本当に簡素化された事例をみなさんはどれほどあげることができるでしょうか。ごくごくまれに本当に簡素化された事例に遭遇すると、わたしなどは感動にうちふるえたりします。

それでは、「ある組織が実際にはやっていないことをやっていると主張できるようにすることが、主要ないし唯一の存在理由であるような被雇用者」とはどのようなものなのでしょう。これはいまでは、日本でもたちまちイメージできる事象があります。つまり、あの「やってるふり」です。

ここでもひとつ、『ブルシット・ジョブ』のなかでもひときわ印象的な証言があげられます。ケアホームにおける余暇活動のコーディネートの仕事をしているベッツィーのものです。

わたしの仕事のほとんどは、利用者の方に面会して、みなさんの希望をリスト化したレクリエーション書類を作成することでした。その書類はコンピューターに情報が記録されると、即座に永久に忘れ去られました。なんらかの理由があって、その書類は紙の形式としても保存され、バインダーに綴じられました。上司の目には、その書類の仕上げは、わたしの仕事のうちでなによりも重要な職務であるらしく、作業が遅れようものなら大目玉をくらいました。短期利用者のための書類を長い時間をかけて仕上げても、その方々は翌日には退去してしまいます。わたしは膨大な書類を破棄しました。面会はたいてい利用者には嫌がられるだけでした。かれらは、面会がブルシットなペーパーワークの一環でしかなく、じぶんたちの個人的希望などだれも気にかけてないことを知っていたのです（BSJ　73）

インタビューを受けたとしても希望がかなうわけではないということは、利用者当人たちもよく知っているのです。だから、みなそのアンケートに応じるのをいやがっています。実際、その書類は作成されるとすぐに放置され忘れられてしまうのです。データがコンピューターに記録されながら、同時に紙の形式でも残すことが重視されているというのは、やはり見栄えということでしょうか。要するに、なによりも利用者の希望を聞いたふりをすること、それに応じて改善をしているふりをすること、そしてそれをしているふりのための見栄えが重要なようです。

ベッツィーの例を痛ましいものに、かつBSJ論全体にとっても意義深いものにしているのは、なんとしてもじぶんの仕事を実質《リアル》のあるものにしようとする彼女の努力です。「幸運にも、毎日の夕食前に、わたしは利用者のためにピアノを弾くことができました。歌ったり、笑ったり、泣いたり、それはすばらしい時間だったのです」。ところが、ベッツィーには、「こうした瞬間は、書類の記入や適切な処理という彼女の主たる義務の遂行への報償としてゆるされるつかのまのぜいたく」として感じられていたのです。つまり、本来、彼女の仕事の意味は、ケアホームの利用者のレジャー活動を充実したものにすることにあるはずです。とすれば、当然、その本来の仕事は夕食前のこのピアノによる合唱の時間にあるはずでです。ところが、それを彼女はなにか「ぜいたく」であり「うしろめたいもの」と感じ取っているのです。これはおそらく、大学に職のある研究者でもおなじです。研究に時間を割いたり、学問について、あるいは人生について学生と長い時間話し込んだりすることには、なんとなくうしろめたい感覚がまとわりつきます（少し前にはそんなことはありませんでした）。こんなことをしていていいのだろうか、と。それは書類作成のような仕事に主要な時間を割いたついでにくるごほうびであるような感覚が、わたしたちにも拡がっているのです。

ここではさらに、企業コンプライアンスのルールの導入が、ブルシットの領域を拡大している状況が語られます。それによって、コンプライアンス産業が成長しています。そのひとつ、米国の制定した海外腐敗行為防止法が生んだコンプライアンスにかかわる仕事をおこなっているライラの証言があげられます。

わたしは、連邦政府による規制である海外腐敗行為防止法によって生まれた成長産業で働いています。

基本的にアメリカの会社は、デューデリジェンス［企業買収や合併、投資、不動産購入などの取引で、契約に先立って案件の内容を精査すること］を実施して、不正をはたらく海外企業と取引していないことを確認しなければなりません。顧客は大会社――技術系、自動車産業など――で、中国のような地域を供給先や提携先とする子会社をごちゃごちゃ有しています。

わが社は、顧客となる方々にデューデリジェンス報告書を作成しています。それは基本的に、インターネットで一時間から二時間調べたものが、報告書の体でまとめられたものです。報告書のつじつまが合ってるようにみせるために、隠語をたくさんちりばめたり、文章の体裁をいい感じに整えたりします。

インターネットでは時々、あからさまな危険信号——社長が犯罪事件に関与していたとか——がわかることもありますが、うそ《ブルシット》かまことかのほどは八対二といったところでしょうか。でも、刑事告訴でもされてなければ、広州で封筒一杯の裏金がやりとりされてようが、ブルックリンの自分のアパートからじゃ、わかりっこありません[1](BSJ 74〜75)

いまアメリカの企業は、海外企業と取引をするときには、先方の企業が不正を働いていないかを調査しなければなりませんが、それを調べ切ることは、基本的には不可能なのです。ライラは、インターネットで1時間から2時間調べ、つじつまが合ってるようにみせるために、もっともらしい業界用語をたくさんちりばめたり、文章の体裁をいい感じに整えたりして報告書を作成しているようです。文書の体裁をいい感じにする——このテーマは、書類穴埋めの仕事にかんしての証言ではひんぱんにあらわれるものであるとグレーバーはいっています。政府部門しかり、企業部門しかり。日本のお役所では「ポンチ絵」が、しばしば話題になります。内容はスカスカでも、とにかくプレゼンがもっともらしい用語と図と線とでキラキラしているならよいという風潮です。これは企業部門ではもっと目立つとグレーバーはいっています。ここでかれは、封建制にイメージをもとめています。経営者の名声の指標が、部下の人間の数であり、経営者の権力や威信を物理的に表現するものは、プレゼンテーションや報告書の見かけ上のクオリティである、と。そして、こうしたプレゼンの飛び交う会議は、馬上試合や行進の前に馬の甲冑を磨いたりその毛並みを揃えることだけが唯一の役割である召使いがいたように、現代のお偉方は、ただパワポを準備したり図表やマンガ、イラストや写真を集めては報告書にまとめるだけの従業員をかこっているのだ、と。

(5) タスクマスター

さて、5類型の最後、taskmastersです。これは、タスクマスターとカタカナ表記にしています。これについては、『ブルシット・ジョブ』の翻訳より先に『現代思想』誌におなじメンバーで訳出した「ブルシット・ジョブの上昇」というタイトルのインタビュー(2)では「不要な上司」という日本語をあてています。ですがもうひとつタスクマスターには、不要な仕事をつくりだす上司という意味もあります(なんせ「タスク名人《マスター》」ですしね……)。「ブルシット生成装置《ジェネレーター》」とも『ブルシット・ジョブ』では呼ばれています。つまり、タスクマスターには二つの類型があるのです。したがって、「不要な上司」だけではいけません。そこで仕方なしに、とりあえず「タスクマスター」としています。

このタスクマスターは、ちょっとむずかしいものがあります。まず、タスクマスターでありながら、みずからの仕事をブルシットであると証言してくれる人が少ないというものです。しかし、ある最近の調査では、「被雇用者の八〇％が、自身の管理者《マネジャー》は役立たずで、そのような人々がいなくても仕事をまったくおなじようにこなすことができると感じている」とグレーバーは注でその資料もあげて述べています。とすると、タスクマスターはみずからの仕事をブルシットと感じてはいるが、それをあからさまに口にすることはあまりしない、という推測が可能です。

とはいえ、証言がないわけではありません。グレーバーは、最近中間管理職に昇進したベンという人物の証言をあげています。かれは10人の部下を監督しているが、じぶんでひそかに監督などまったくいらないと考えています。ベンは、うろつき回ったりやきもきしてじぶんのできる仕事を探しています。どうも職場では落ち着きのない上司のようです。

問題はもうひとつの類型、他者のなすべき仕事をでっちあげるタスクマスターです。ここではイギリスの著名大学で「学部長《アカデミック・ディーン》」というポストに就いたクロエという人の例があがります。ひとつは、それこそ大学改革によっておかれた特別ポストの話で、これについてはわたしには要約することも手に余ります。いっぽう彼女が学科主任になってからの仕事は、日本でもおなじみのものです。

非常に短い期間を学科主任として仕事するなかで、どれほど少なく見積もっても、その役割の九〇％はブルシットだということをおもい知らされました。たとえば、指揮系統を掲げた戦略的文書を作成するために学部長《ファカルティ・ディーン》から送信されてくる書類を記入すること。研究活動や教育活動の監査とモニタリングの一環として大量のペーパーワークを課すこと。すでに各学部が抱えている予算やスタッフがどうして必要であるのかを正当化するためには、計画につぐ計画と、そのまた五ヶ年計画を立案せねばなりません。引出しにしまわれたあとは二度と日の目をみることはない年次評価を血みどろになって作成します。そして、学科主任としてこうした仕事を完了するためには、スタッフに手伝ってもらわねばなりません。ブルシットは増殖していきます。

それで、これをどう考えるのか？　ブルシットを生みだしているのは、資本主義それ自体ではありません。それは、複雑な組織のなかで実践されているマネジリアリズム［経営管理主義］・イデオロギーです。マネジリアリズムが根を下ろすにつれ、マネジリアリズムの皿回し――戦略、パフォーマンス目標、監査、説明、評価、新たな戦略、などなど、などなど――を維持するだけが仕事の大学スタッフの幹部たちが登場します。それらは、およそ大学の真価とよべるもの、すなわち教えたり学んだりからは、まったくかけ離れたところで起きている現象なのです（BSJ　85～86）

この「マネジリアリズム・イデオロギー」という指摘は重要です。ネオリベラリズムのなかで強化され、拡大しているのが、このとにかくあらゆる過程に管理チェックの契機を導入していく経営管理主義イデオロギーです。

最後に、タニアという公共部門／民間部門両方でタスクマスターを経験した人物の証言があげられます。この証言は、グレーバーとかなりの密度でやりとりする過程をへてあらわれたもののようで、タニアはグレーバーの理論を巧みに利用しながらみずからの経験を分析しています。おおよそこういう話です。勤続25年と在職期間が長くしかも上司からは優秀ともくされているある人物がタニアの部下にいました。しかしこの人物は、いまの仕事においてはぜんぜん役に立ってくれません。そこで尻ぬぐいを彼女は必要としました。

しかし、それも限界です。彼女は、この欠陥をカバーするために新規人事を立ち上げました。ところが、この勤続25年の人物を動かすわけにはいきません。だから、手の込んだ職務記述書とあたらしい職務をでっちあげねばならず、かつ、その採用した新人には、でっちあげの職務にあわせた適性のあるふりをしなければならないのです。

かっちりした職階と職務の定められている組織では、人員募集できるような明確な職務内容の仕事が存在しなければなりません（そこは自己目的化したBSジョブとムダな仕事からなる並行世界です。すべての住人が補助金申請書や入札契約書をひたすら作成している世界のようなものです）。

そのため、BSジョブの創造はたいてい、BSな物語《ナラティヴ》世界の創生をともなっていて、そこには［架空の］職務の目的や役割はもちろんのこと職務遂行に必要な資格が、連邦人事管理局［アメリカの政府職員の人事を管理する独立部局］やわたしの機関の人事スタッフの規定する書式や専門的なお役所用語に一致するよう記載されています。

それがすめば、その物語《ナラティヴ》に即した求人広告が必要になります。雇用資格を得るために、応募者は、業務代行している機関の使用する雇用ソフトウェアに自身の資格を認識してもらえるよう、当該の求人の題目と文言のすべてを盛り込んだ履歴書を提示しなければなりません。その人が雇われたあと、その職務は、年次勤務評価の基礎となる別の文書においても一言一句記述されていなければなりません。

応募者たちが雇用ソフトウェアを確実に通過できるよう、その履歴書をわたし自身の手で書き換えてきました。さもなくば、その人たちをわたしは面接も採用もできないからです。コンピューターをパスしなければ、その人たちを審査もできないのですから（ＢＳＪ　88〜89）

一読、めまいのするような複雑怪奇なお話です。架空のポストと職務規程をつくり、そこには本当にやってもらう職務に合う適性の人間を採用しながら、採用するさいには架空のポストに即した適性で採用したかのようにみせかけて、必要とあらば履歴書からなにから書き換えて、といった気の遠くなるような作業です。でも、こうしたことは、いま日本社会で働いているかなりの人が多かれ少なかれ経験していることだとおもいます。

ここでひとつ述べておきたいのは、これはまさに仕事の渦中にいないとわからないニュアンス、「あうん」の呼吸、正当であることと不正であることのギリギリのライン、そしていわないことになっていることの限界を共有する空気などで動く論理だということです。まさにこれが「ブルシット・ジョブ」が「ブルシット」たるゆえんです。こういうことは、本格的に仕事に就く前にはなかなかわからないですよね。

5類型以外の可能性

このようにBSJはひとまず五つの類型に整理されました。これでかなりBSJがどういうものか、具体的にみえてきたのではないでしょうか。

しかし、BSJはこの5類型にすべて収斂するものではありません。グレーバーは、いくつかの可能性をあげています。たとえば、人間味のない企業環境を人間味のあるものにする「空想上の友人」です。「着ぐるみを着込んだり、さもなくば、ばかばかしいゲームをつくることにみずからのキャリア全体を投入している労働者たちがいて、職場環境のなかにラポール［信頼関係］を構築しようと」するものらしいですが、わたしはあまり聞いたことがありません。日本でも、こうした仕事の分野は拡大しているのでしょうか？　いずれにしても、分類項目はまだ増えていくかもしれませんし、みなさんもじぶんでひとつ考えてみてもいいかもしれません。

そして、もう一点。ひとつの仕事がブルシットであるとして、どれかひとつの類型にすっぽりあてはまるということはなかなかないということです。たいていの場合、複数の類型の複合体であるということです。

たとえば、「取り巻き」でありながら同時に「脅し屋」でもあるというのは、マフィアやくざの世界ではごくふつうのものですが、とにかく、部下の数を増やしたい、取り巻きを増やしたいという動機のもとに創出された仕事が、テレマーケティングであるということもありえそうです。ここではそれほど説明していませんが、あの大学で「学部長」をやっていたクロエは、「戦略的なんとかなんとか」というお飾りのポストに就きながら、同時にタスクマスターでもあって、かつやるべき仕事がないので、尻ぬぐいすることはないか探していました。

最後にもう一点。BSJが生む仕事（ブルシットではないものもふくむ）である「二次的《セカンドオーダー》BSJ」もあります。ここであがっているブルシットな企業でブルシットな仕事をしている人たちをサポートしている仕事があります。たとえば、清掃業やセキュリティ業や、整備業などの職員です。「それ自体ないしそれ単体では意味のない仕事ではまったくないにもかかわらず、無意味な事業のサポートとしておこなわれているうちに、ついに意味のないものと化してしまった仕事」（BSJ　94）と定義されます。

ここからグレーバーは、かなりラフな計算をしています。イギリスにおいてYouGovの調査の通り、仕事の37％がBSJだとします。とすると、残りの63％のうち37％がブルシットのサポートに回っていることになる。こうすると、二次的BSJもふくめるなら、すべての労働の50％をわずかに上回る割合がBSJ部門となります。それにくわえて、実質のある仕事がブルシット化しているし、前講で少しふれた働きすぎのために存在しているだけのさまざまな職業（たとえば飼犬の洗濯業者とか24時間営業の宅配ピザ屋）と合算すると、実質的《リアル》な週あたり労働時間は、おそらく週15時間に——あるいは12時間にまで——ひそかに落ち込んでいるといいます。一日5時間で3日、あるいは4時間で3日働けばよいという計算になりますね。

こうした計算はともかく、このように類型に分類したからといって、ＢＳＪのひとつひとつがきれいに区分されるわけではなく、こうした複雑な折り重なりのなかにあること、それを分析しなければならないことを念頭においてもらいたいとおもいます。

（1）グレーバーは、この産業の規模を実感してみるために、このような例をあげています。「二〇一四年にシティ・グループ［米国に本社をおく金融関連企業］は、翌年までに、全社員のおよそ一三％に相当する、三万人の従業員をコンプライアンス業務にあたらせると発表した」（ＢＳＪ　３７６）

（2）"The Rise of Bullshit Jobs: An interview with David Graeber," Jacobin (Jun. 30, 2018)(https://jacobinmag.com/2018/06/bullshit-jobs-david-graeber-work-service)（芳賀達彦、森田和樹、酒井隆史訳「ブルシット・ジョブの上昇——デヴィッド・グレーバーへのインタビュー」『現代思想』２０１８年11月号）。このインタビューは、書籍版"Bullshit Jobs"公刊直後のものであり、エッセンスがとてもわかりやすく解説されています。述べましたように、翻訳はまだ試行錯誤の段階で若干、異同がありますが、参考にしてください。

第2講　ブルシット・ジョブってなんだろう？

ＢＳＪの定義

さて、前講ではＢＳＪに該当するとされるものを、基本的には五つの類型を通して具体的にみてきました。

ここではそれをふまえて、ＢＳＪとはなにか、その定義を詳しく検討してみましょう。

基本的にそれは「完璧に無意味で、不必要で、有害でさえある雇用の形態」です。要するに、あってもなくてもクッソどうでもいいし、それどころか、なにかダメージをもたらすこともある、そんな仕事のことです。それがＢＳＪという概念のコアにあるのです。

「ブルシット・ジョブとはなにか？」と題された第一章では、徐々に、定義が深められていきますが、最初の「暫定的定義」はこうでした。

暫定的定義その一：ＢＳＪとは、被雇用者当人ですら、その存在を正当化しがたいほど、完璧に無意味で、不必要で、有害でさえある雇用の形態である（ＢＳＪ　19）

まずｊｏｂについて。ブルシット・ジョブはbullshit jobsであって、bullshit laborsでもbullshit worksでもありません。それでは、ｊｏｂとはどういう意味なのでしょうか。

オンラインの『ケンブリッジ辞典』では、ｊｏｂは「the regular work that a person does to earn money」と定義されています。お金をうるためにおこなわれるregular work、これは定職とか本業とふつう訳されています。もうひとつ『ロングマン現代英英辞典』によれば、「the regular paid work that you do for an employer」で、雇用者のためにおこなわれるレギュラーの支払い労働。つまり、ジョブとは、報酬のためにおこなわれる雇用された定期的な仕事といった意味です。

つぎにｌａｂｏｒについて。これはふつう労働あるいは仕事と訳されます。辞書によってさまざまですが、たとえば複数の辞書で「very hard work, usually physical work」つまり「とてもハードなワーク、たいてい肉体ワーク」といった意味ででてきます。とはいえ、ｌａｂｏｒは肉体労働にかぎったものではありません。『ランダムハウス英和大辞典』によれば、名詞としては最初に「（利潤追求の）生産活動、労働、勤労：（精神・肉体的）労力、骨折り、苦心：（軍事）（民間人・捕虜の）労務」といった定義があらわれます。２番目の定義は「（経営者・資本家に対する）労働者（階級）、労働力：（賃金・肉体）労働者」です。

ｗｏｒｋもまた、労働や仕事という日本語があてられます。『ケンブリッジ辞典』では、

「an activity, such as a job, that a person uses physical or mental effort to do, usually for money」。ジョブのような活動、肉体や精神の活動をもって、たいていはお金のためにおこなわれる、というわけですが、ここではvery hardといったニュアンスが消えています。『ランダムハウス英和大辞典』では、最初の定義が「労働、働き、骨折り、労、努力（ｌａｂｏｒ、ｔｏｉｌ）」。２番目の定義が「（…すべき）仕事、務め、任務、課業（ｔａｓｋ）；（…の）勉強、研究；雑用、片手間仕事」となっています。

どうもｌａｂｏｒのほうには、賃労働という制度を想起させる意味が強く、ハードでツライというニュアンスがある。それに対して、ｗｏｒｋのほうは賃労働以外の活動もふくむし、もう少し一般的な活動、課題をこなすことといったニュアンスがあるようです。

ハンナ・アーレントのような哲学者は、ｌａｂｏｒ（労働）を、生物学的必要を充たすための、そして種の再生産にかかわる活動と捉え、すぐに消費される対象の生産にかかわるため、終わりがないと定義しました。それに対し、ｗｏｒｋ（仕事）は、より耐久力のあるわたしたちの生活を構築するもの、環境を形成するものを、自然の変形を通してつくります。このような厳密な対立を導入しました(1)。

『ブルシット・ジョブ』でも、もちろん、ｌａｂｏｒとｗｏｒｋが頻出しますが、かなり互換的に使用されているようにおもいます。しかし、翻訳では一応、ｌａｂｏｒには労働、ｗｏｒ kには仕事をあてています。

「ブルシット」とはなにか

かたや「ブルシット」です。もちろん、アメリカのTVドラマや映画をよくみる人であれば、それらに登場する人々がやたらに口にしているのを耳にしておなじみでしょうが、日本語圏で生活する多くの人は、そうではないとおもいます。したがって、BSJといわれても、ただちにピンとはこないとおもいます。

『ブルシット・ジョブ』の翻訳のサブタイトルには「クソどうでもいい仕事の理論」とあります。どうしても日本語にしなければならない場合は、このように「クソどうでもいい仕事」にしています。

「ブルシット」はスラングであって、だから日常的口語です。たとえば『ランダムハウス英和大辞典』で調べてみると、附記として「かなり下品な語で一般の会話では避けられるが、くだけた親しみや率直さを示すために若者が好んで用いる。婉曲的にはbullまたはB.S.とする」とあります。『ブルシット・ジョブ』のインフォーマントの証言のなかにも、BSとかBSジョブという表現がときおりあらわれます。

その『ランダムハウス英和大辞典』の定義によれば、名詞では、「1嫌なもの、不必要なもの、2うそ、ほら、でたらめ、たわ言：ほら吹き、うそをつくのがうまい人、3（清掃・演習などへの）過度の熱中」、形容詞では、「1でたらめな、ばかばかしい」として、a bullshit artist（うそつき［ほら吹き］名人）といった表現が紹介されています。さらに動詞では、「うそをつく、だます、でたらめをいう、知ったかぶりでいい加減なことをいう」など。

名詞の最初の定義に「嫌なもの、不必要なもの」とでてきますが、それ以外は、「どうでもいい」「無意味」という意味以上に、「うそ、ほら、でたらめ、たわごと」といった「欺瞞」あるいは「あざむき」といった次元のニュアンスが強くありますよね。ここが重要です。だから「ブルシット」という言葉が選ばれているのです。一般的にこの語が想起させる意味、たんに「ナンセンス」とか「どうしようもない」のみに限定はできない、つまり『ブルシット・ジョブ』の文脈では単に「クソ」仕事とか「どうでもいい」仕事とはできないゆえんです。

わたしたち訳者は、翻訳に着手した当初より、訳語をあれやこれや模索してきたのですが、ある時点で、この微妙なニュアンスを日本語にすると失われるもののほうが大きく、またこの言葉の「概念らしさ」も消えてしまうと考えました。ちょうど、いくつかの関連テキストを翻訳する機会に——『ブルシット・ジョブ』のもとになった小論もふくまれる——試みに（なかばやけくそで）カタカナ表記で出してみました。

グレーバーも第一章の注でこのスラングの語源についてふれています。「実に興味深いことであるが、"bull"は"bullshit"の略語ではなく、それどころか"bullshit"が20世紀はじめに"bull"からつくられたということだ。"bull"は、つきつめていえばフランス語で『詐欺、欺瞞』を意味する*bole*に由来している」。ｂｕｌｌは雄牛のブルとされることもありますが、これはまちがいで、この「詐欺、欺瞞」を意味するフランス語のｂｏｌｅからきています。さらにこの注では「"Bollocks"［去勢された牡牛］は"bole"に由来するもうひとつの表現である」とあります。ここでは「bollocks」は「去勢された牡牛」と訳注をつけていますが、ちょっとこれではグレーバーの意図がわかりにくかったです。これは、イギリス英語でbullshitにあたる「bollocks」も語源はおなじだよ、といってるのです。セックス・ピストルズというパンクバンドの衝撃のデビュー・アルバム、日本語タイトルでは『勝手にしやがれ‼』となってますが、原題はNever Mind the Bollocksです。bollocksはブルシットに対応するイギリスのスラングで、睾丸の意味もありますが、ウソや、ナンセンス、の意です。これももともとは、このフランス語のｂｏｌｅに由来するのですね。

いずれにしても、どうでもいいことといってんじゃないよ、テキトーなことといってんじゃないよ、ウソいってんじゃないよ、といったニュアンスでつながっている感じでしょうか。無意味、テキトー、ウソです。

ウソをつくこととブルシットすること

　このなかでも、おそらくこの「テキトー」が大事かもしれません。グレーバーがここで「ブルシット」という言葉を選んだのには、あくまでひとつにすぎませんが、これも注にあるハリー・フランクファートという哲学者の議論の影響があるとおもいます。その注にはこうあります。「わたしは『ウソをつく（lying）』と述べたが、哲学者のハリー・フランクファートは、『ブルシッティング』はウソをつくこととはおなじではないという有名な議論をおこなっている。それらのちがいは殺人と過失致死のあいだのちがいに似ている。つまり、かたや意図的な詐称であり、かたや事実認識における過失である。この文脈で『ウソをつくこと』と『ブルシッティング』の区別がとても意味があるかどうかはわからないが、このテーマにかんする議論にふみこむことがとくに有益とはおもえなかった」（BSJ 368）。とはいえ、やはりBSJの定義に、フランクファートの議論の反響はあるようにおもわれ、確認しておく意味はあるとおもいます。フランクファートは、1986年に「ブルシットについて（On Bullshit）」という論文を書いています。これが2005年に小冊子になり(2)、大ヒットするのです。

　まずフランクファートは、ううむどうも現代はブルシットが蔓延している、あまりにブルシットが多すぎるのだ、と直感します。そこから、ブルシットとはなにか、をあれこれあれこれと分析するのです。その核心をここで紹介するならば、グレーバーがふれていたように、「ウソをつくこと（lying）」と「ブルシットすること（bullshitting）」を区別することが肝心ということです。そして、この「ブルシットすること」の独特なニュアンスが大事なのです。ウソをつくということは、意図的に事実や真実とは異なることをいうということですよね。たとえば、あなたは家族にこういわれます。きょうは家賃を払う日だけど、まさか競馬に消えたってことはないよね？　あなたは、「……そんな馬鹿なことするかい、もってるわい」と応じます。ところが、家族の指摘はまさに図星で、本当に競馬に家賃代が消えてしまって、財布には小銭しかありません。ここであなたが、お金はもってるわい、と叫ぶとき、それが事実に反するということをわかっていて、意図的にウソをついているわけです。

ところが、ブルシットというのは、ただたんに「でたらめ」をいうことです。たとえば、あなたが「論破」が三度の飯より好きではた迷惑……いや、この世界のありとあらゆる現象に一家言をもった知人に、「コロナはしかし大変ですよね」、とつい話しかけてしまったとします。「いやいや、きみもマスコミに洗脳されてるね。コロナはたんなるかぜだし、PCR検査なんて必要ないし、おおげさにしたい人が多くてこまったもんだよな、なんか製薬業界が暗躍してるようでね……（略）」、とその「論破」好きの知人は延々と語りはじめます。ところが、この知人のこの言明は、けっして科学的根拠にもとづいているわけでもないし、世界の諸国のおこなっている対策を比較したうえでの、熟慮をへたものでもありません。たんによく知らないことを、適当にそれらしくいっているだけなのです。「ブルシットが多すぎる」とフランクファートが直感したことがちょっとわかるような気がしないでしょうか。こんな語り口は最近では、あまりにありふれています。

こう考えると、ウソをつく、と「ブルシットする」の大きなちがいもあきらかです。ウソをつく人は、じぶんが真実や事実をごまかしているということがわかってやっています。ところが、ブルシットする人は、そもそも真実や事実なんてどうでもいいのです。「真実をいう」ということと「ウソをいう」ということは正反対ですが、どちらも真理に対する配慮があることで共通しています。ところが「ブルシットする」ことは、そうしたものへの配慮がほとんどないか不在なのです。それよりも、その場をうまく丸め込むとか、「論破」したとみせかけるとか、じぶんをなんとなくエラくみせるとか、知的にみせるとか、そういうことのほうが大切なのです。フランクファートはこうしたブルシットの蔓延する現代のひとつの理由を、だれもがじぶんのよく知らないことまで意見をもたねばならないという強迫にもとめています。まさにテレビのコメンテーターは、学者もふくめて、なんでおまえがそのテーマについてエラそうにしゃべってんだという場面だらけですが、まさにそこは「ブルシット・アーティスト」(テキトーなことをそれらしく巧みにいう人のことです)のお披露目会なわけです。

寅さんの仕事はブルシット?

グレーバーは、BSJの「ブルシット」という言葉のはらむ「あざむき」あるいは「欺瞞」の次元に、マフィアの殺し屋がなぜBSJではないのか、を検討することからアクセスしています。マフィアの殺し屋はBSJかといわれるとなんか違和感がないでしょうか? 無意味で有害かもしれませんが、なんかちがうな、という感じですよね。まあ、もともとそれが「仕事」か、というのもあります。しかし、一番重要なことは、マフィアは率直であるということです。つまり、じぶんたちが「やくざ」な稼業をしていることを認めているということです。そういえば、そもそも「やくざ」という呼称の由来がそうです。「やくざ」とは、もともと花札で複数の札をひいてその合計点によって勝負を決めるゲーム(「おいちょかぶ」といいます)で、「8・9・3」の組み合わせは0点(全部足すと20で、0とみなされます)で最悪なのですね。この「どうしようもない最悪の目」から転じて、「やくざ」という言葉が、なんの役にも立たない人間という意味で使われるようになったといわれています。要するに、そもそも「やくざ」という名称そのものが「無意味」という意味であって、「かたぎの社会に寄生して生きるごくつぶし」という一種の自嘲が込められているわけです。たとえば、『男はつらいよ』の車寅次郎は、「どうせおいらはやくざな兄貴、わかっちゃいるんだ妹よ」と、主題歌の出だしから(3)「じぶんは役立たずの人間である」という自嘲ではじめます。いつかおまえのよろこぶようなエラい兄貴になりたい、とはいうものの、いまの稼業は「ブルシット」であるといっているのです(4)。もちろん、「やくざ」が、じぶんたちは共同体に貢献しているのだということを強調したり、フロントのなりわいをつくったりしているのもたしかです。

もちろん、そのフロントのなりわいが、名ばかりで実質のないブルシットであることは大いにありそうです……「かたぎ」をフォーマルな金融会社の社長に据えるのだけれども、その社長に実質的な仕事はほとんどないとかです。そういえば、コナン・ドイルのシャーロック・ホームズ・シリーズのなかに「赤毛連盟」という有名な作品があります。あの話では、赤毛の人物求む、という赤毛連盟という謎の組織からの求人を紹介された赤毛の人物が、たくさん集まった応募者のなかから採用され、毎日午前10時から午後2時までの4時間、事務所にこもって百科事典をただ書き写すだけの仕事をするのですよね。実入りもとてもいい。ところが突然、赤毛連盟は解散したとして事務所は閉鎖され、この人物は仕事を失います。相談を受けたホームズが捜査をしたところ、実は隣の銀行の地下金庫まで穴を掘るために、この人物を自宅から特定の時間、確実に追い出す必要があった強盗団の仕組んだことだった、というオチです。まさにこの赤毛の人物の仕事はブルシットそのものです。

いずれにせよ、やくざ組織の「社会貢献」は、「やくざ」という認識の裏返しでもあるのです。要するに、無意味な存在であることを認識しているからこそ、役に立つことを強調する局面もあるということです（災害時に「暴力団」がおこなう炊き出しなどが典型です）。これはグレーバーがマフィアについていっていることとおなじです。かれらも最初はじぶんたちも社会になんらかの貢献をしているということをいいますが、しかし、基本的にはおのれの立場に率直です（とはいえ、グレーバーがいうように、これは大部分が「大衆文化」におけるマフィア／やくざ像からの推定なのですが）。

とりつくろわなければならない

ああ、おれらはこの社会ではごくつぶしさ、という認識があるのがやくざです。ところが、ＢＳＪに就く人々は、ここを認められない、というより、そういわない約束になっています。あるいは、それはないことにして「とりつくろい」されます。『ブルシット・ジョブ』でとりあげられる数多くの多種多様なＢＳＪのうちにはいつもこの「とりつくろい」の次元が作用しています。たとえば、ブレンダンという大学の学食でバイトをしている大学生の証言がでてきます。

わたしはマサチューセッツの小さな大学で、高校の歴史教師をめざしています。最近、学食で働きはじめました。

初日に同僚はこういいました。「この仕事の半分はきれいにみせることで、もう半分は、忙しそうにみせることだな」。

最初の二ヶ月間は、奥の部屋の「監督」をまかされました。人がいなくなると、食器棚のスライドを洗浄したり、デザートを補充したり、テーブルを拭いたりするのです。三〇分ごとにおこないますが、広い部屋ではないので、ふつうはものの五分もあれば作業はすべてこなせました。しまいには、講義のための本をたくさん読めるようになりました。

ですが、あまり事情をわかってない上司が出勤することもあります。そうなると、つねに忙しくみえるように、ずっと気を配らなくてはなりません。どうして、必要な仕事はさして多くはない、と職務規定で認めることができないのか、わたしにはわかりません。もしも、忙しそうにみせるためにあれだけの時間と気力を投入しなくてもよかったなら、もっと手早く効率的に、読書にもそれからテーブル拭きにも、取り組めたのに
（ＢＳＪ　１１２～１１３）


このように、仕事はほとんどないけれども、それを公言してはならず、でも、わかってい

る人だけだったら、なにかほかのことをやってってもみないふりをするお約束になっているのですが、その空気の読めない上司などがくると、やってるふりをくり広げなければならないのです。

こうした数々の報告から、グレーバーは、このようにいうのです。

一般的に、そこにはある程度の欺瞞《プリテンス》と詭弁もまたかかわっていなければならないのだ。その仕事に就く人間は、内心ばかばかしいとおもっていても、その仕事の存在するたしかな理由があるかのようにとりつくろわ《プリテンド》ねばならない。とりつくろい《プリテンス》と現実とのあいだに、ある種のギャップがなくてはならないのである（BSJ 25）

ここではpretenseという表現が、名詞と動詞（pretend）であらわれています。BSJ論において、このpretenseあるいはpretendという言葉は頻出しますし、とても重要な意味をもっています。この翻訳の一文からもわかるように、わたしたちは必ずしもつねにこの語におなじ日本語を対応させているわけではありませんが。

これも『ランダムハウス英和大辞典』によれば、名詞では、「1見せかけ、仮面、虚偽、装い、振り：偽、いんちき、ごまかし、2まねごと、作りごと、3虚偽の申し立て［弁明］、言い訳、言い抜け、口実、4不当な要求［主張］（をすること）：（一般に）申し立て、主張、要求、5見せびらかし、見え」といった意味が並びます。それが動詞になると、「（他人をだますために）見せかける、振りをする、〈病気などを〉本当らしく思わせ（ようとす）る、装う、取り繕う、見せかける、偽る、〈子供が〉まねごと遊びをする、（資格なしに）（権利・肩書きがあると）主張［要求］する」といったふうになります。

ここから、pretenseが、基本的に「欺瞞する」というニュアンスの強い言葉ということがわかります。そして、そこに、ある種の演技性のあることもわかります。

こうして、グレーバーは先ほどあげた最初の定義にこうつけくわえます。

> **暫定的定義その二：**ＢＳＪとは、被雇用者本人でさえ、その存在を正当化しがたいほど、完璧に無意味で、不必要で、有害でさえある雇用の形態であるが、たとえそうであっても、当人は、そうではないとりつくろわ《プリテンド》なければならないように感じている。
> ［強調引用者］（ＢＳＪ　25）

空気を読み合う「仕事ごっこ」

マフィアややくざのなりわいとＢＳＪとが「あざむき」というレベルでちがうことはわか

りました。それでは、ペテン師や詐欺師、山師、イカサマ師、あるいは強盗、ゆすり屋、盗賊などはどうでしょう？　たしかにかれらは「あざむき」を不可欠にしている、あるいは「あざむき」で食っている人たちです。でもそれも、ＢＳＪといわれるとなにか違和感がありますよね？　やくざとちがい、かれらはみずからを「やくざ」と公言することはありません。しかし、やくざあるいはマフィアはそもそも仕事か、という話をしましたが、ここでいう「ジョブ」とは「他人のために働くことによって、賃金であれ俸給であれ、その支払いのともなう（大半が給与の経理業務をともなう）雇用のこと」です。とすると、やはり、詐欺師や強盗はちがうといわざるをえません。

たとえば、詐欺師だったら、みずからだますことを決意し、だます方法を決め、その展開をも、仕事の進行しだいで、みずからコントロールするでしょう。ある意味で自営業なわけで、だますのもみずからの才覚です。だから、詐欺師の映画はたくさんありますよね。たいがいヒーロー／ヒロインです。そこではだますことに主体性があります。そしてその主体性は、工夫や才能、そしてモラルというかたちで発揮されます。かれらが映画でおよそ英雄であるのは、こうした主体的要素を発揮して、悪い奴をとっちめたり、あくどく搾取された富を奪取したりするからです。そこには義賊的要素もあります。

ところが、ＢＳＪにはそんなものはありません。ただただ人は、その演技を雇用の一環として強いられるのです。だから、「たとえそうであっても、当人は、そうではないととりつくろわ《プリテンド》なければならないように感じている（even though the employee feels obliged to pretend that this is not the case）」といぅさっきの定義は、obliged to pretend、つまりそう強いられているといった受動的感覚をふくんでいますし、積極的にだますというよりは「とりつくろう」という、これも場当たり的なものなのです。この点はまた、のちにでてくる精神的暴力というテーマともかかわってきます。

こうした検討から、グレーバーは最終的な作業定義を設定します。「作業定義（working definition）」というのですから、「最終的」とはいえ、それは『ブルシット・ジョブ』においてであって、いまだ再検討や発展の余地はあるものです。

最終作業定義：ＢＳＪとは、被雇用者本人でさえ、その存在を正当化しがたいほど、完璧に無意味で、不必要で、有害でさえある有償の雇用の形態である。とはいえ、その雇用条件の一環として、被雇用者は、そうではないととりつくろ《プリテンド》わねばならないと感じている。（ＢＳＪ　27〜28）

要するに、ＢＳＪは、みずから意図して他人をだましている詐欺師とはちがって、ウソをついて「とりつくろう」よう余儀なくされているというふうに感じられている、しかもそれが、雇用の条件のひとつとして「とりつくろう」よう余儀なくされているということです。

かんたんにいうと「空気」です。ほとんどウソで成り立っていて、だれもがそれを知っているが「空気」でもってそれはいわないことになっている、というようにしてつくられた世界です。『ブルシット・ジョブ』を構成するさまざまの証言を読むと、空気を読むのはなにも日本に特有の文化なのではないことがよくわかります。

『ブルシット・ジョブ』に奥行きを与えているひとつが、この「とりつくろい」がもたらす、職場でくり広げられる「make-believe」つまり「演技（ごっこ）」の世界です。「make-believe」とは、ふりをする、みせかける、いつわりの、といった意味です。ＢＳＪ論は、それによって現代世界を、壮大な「裸の王様」ゲームの悲喜劇に仕立てているのです。これは、グレーバーというか人類学のお得意とする領域です。

グレーバーは『ブルシット・ジョブ』の数年前に公刊された『負債論』では、金融テクノロジーが動かすスマートを自称する現代世界を、マネーという物神にひざまずき、その物神を負債というかたちでやりとりしては野蛮なるヒエラルキーを強化しあっている、壮大な「未開社会」のようにえがきだしてみせました。『官僚制のユートピア』では、これもまた現代世界を、ほとんど意味がなく不条理ですらある膨大なペーパーワークからなる、おそるべき儀礼社会としてえがきだしてみせました。今度は、仕事と名づけられた「みせかけ演技」からなる、空疎な世界として現代社会をえがきだしてみせるのです。

「不要な仕事」という問題設定

さて、ここまでお話ししたあとで、少し前に戻って、『ブルシット・ジョブ』の全体を理解するうえで欠かすことのできない、発想の枠組みのお話をしてみたいとおもいます。グレーバーがどのようにしてこのBSJというアイデアにいたったかを少しみておくと、理解のために役立つようにおもうからです。

グレーバーのテキストのなかに「不要な仕事」という問題設定は、かれの知的キャリアのその初期からすでにあらわれていました。現代世界は「不要な仕事」によって危険なくらい肥大化し、それによって人々は働きすぎで押しつぶされている、といった問題設定です。これからみていくように、資本主義市場がムダな仕事をつくるわけがないという信憑や、あるいは仕事はたくさんあるにこしたことはないという発想は、政治的立場を問わずおおよそ自明の前提です(「雇用創出イデオロギー」につながっていく考えです)から、こうした発想自体、いくぶんかはユニークです。おそらくここには、エコロジーやフェミニズム、アナキズムなどの影響があるようにおもいます。

そのような初発の問題設定は、ある程度まとまったかたちでは、著作『アナーキスト人類学のための断章』であらわれます。グレーバーはそこで、まず1920年代に勢いのあったアメリカの労働運動IWW（世界産業労働者組合。ウォブリーズとも呼ばれます）が、もともと1920年代に推進しようとした、一日4時間、週4日労働の要求をあげて、これは実現可能なのではないか、というふうに問いを立てています。

アメリカにおける労働時間のかなりの部分が、実質的にはアメリカ人の働きすぎという事実が生んでいる諸問題の尻ぬぐいのためにのみ必要とされていることは、くり返し証明されてきた。夜間のピザ配達人、犬の洗濯師、夜間仕事で忙しいビジネスウーマンの子どもたちの子守をする女性たちの子どもたちのために夜間保育所を運営する女性たち。またいうまでもなく、働きすぎやけがや自殺未遂や離婚や暴力沙汰による精神的／身体的傷を癒すために、また子どもたちをなだめるための薬品をつくるために、専門家たちが投入するはてしのない時間……。

だがいったいどの仕事が真に必要な職種なのか？

第一に、その消失が人類にとって有益であると、ほとんどだれもが賛成するであろう仕事が数多くある。テレマーケター、企業顧問弁護士などである。さらにまた、わたしたちは広告業界の全体をお払い箱にすることもできるだろうし、すべての政治家たちとそのスタッフを免職し、健康維持機構ＨＭＯ（Health Maintenance Organization）に多かれ少なかれ関与している人員を駆逐したとしても、社会的機能の中枢に支障はない。それに広告業をお払い箱にしてしまえば、不要な生産品の生産、配送、販売の縮小につながるだろう。人々が実際に必要としたり欲しかったりする物品については、かれらはそれでも入手する方法を考案するだろう。はなはだしい不平等が是正されるならば、軍隊はいうに及ばず、ドアマンや民間警備隊や刑務所監視員として雇用されている無数のサービスはもはや必要なくなるだろう。それ以上のことについては、さらなる研究が必要である。金融業者、保険業者、投資銀行家などはすべて本質的に寄生的存在である。だがこれらの領域のなかにも、単純にソフトウェアが代行することができない有用な機能があるかもしれない。結局われわれにとって快適で、地球環境的に維持可能な生活基準を維持するために必須の仕事を特定し、それにのっとって時間を再分配するならば、ウォブリーズの綱領はまったく現実的であったことがあきらかになるかもしれない。ことにここで考慮に入れねばならないのは、だれもそうしたくなければ、４時間だけで仕事をやめなくてかまわないということだ。たくさんの人々がみずからの仕事に満足している。たしかに一日中なにもせずにぶらぶらしているよりましである（だからこそ刑務所においては、囚人への懲罰として仕事をする権利が剝奪されるのだ）。またトップダウンの組織化には不可避についてくる、はてしのない屈辱とサドマゾヒズム的ゲームを根絶することができるなら、そこからさらに多くのことが可能になるだろう。だれもじぶんがのぞむ以上に働く必要がない、ということさえ可能かもしれない(5)

ここでは、『ブルシット・ジョブ』でとりあげられるテーマのかなりがすでに出そろっています。

ちがいもあります。最初に列挙されている、過剰な仕事の生む仕事（犬の世話など）はBSJ論では脇にやられますが、ここでは重視されていることがわかります(6)。つまりここでのグレーバーは、「無用な仕事」ではなく、「働きすぎ」といった問題をかなり重視しています。「働きすぎ」といった論点は、わりとありふれてますよね。そして、そのあとに、そのなかには不要な仕事があるのではないか、として具体的に考察をめぐらせています。ここであげられる仕事は、『ブルシット・ジョブ』であげられるものと大きく重なっています。

いずれにしても、ここでの議論のスタイルは、『ブルシット・ジョブ』と相当に異質な感じも受けます。もちろん、このような問いの立て方が母胎になってBSJのアイデアもでたのでしょうし、このフレームはBSJ論のなかでもつねに遠近から鳴り響いています。でも、このような問題の提示の仕方では、これほどの反響もなかったような気もします。

このわたしの直感に根拠があるとすれば、いったいなにがちがうのでしょうか？

ケインズの議論と予言

まず気づくのは、この議論には、2013年の小論において（したがって『ブルシット・ジョブ』においても）全体の議論のフレームを形成していたケインズの議論がでてきていません。

このケインズの議論がBSJ論のフレームを形成していることがとても重要で、これは押さえておく必要がありますので、ここで強調しておきたいとおもいます。

小論は、こうはじまります。


一九三〇年、ジョン・メイナード・ケインズは、二〇世紀末までに、イギリスやアメリカのような国々では、テクノロジーの進歩によって週一五時間労働が達成されるだろう、と予測した。かれが正しかったと考えるには十分な根拠がある。テクノロジーの観点からすれば、これは完全に達成可能なのだから。ところが、にもかかわらず、その達成は起こらなかった。かわりに、テクノロジーはむしろ、わたしたちすべてをよりいっそう働かせるための方法を考案するために活用されてきたのだ。この目標のために、実

質的に無意味《ポイントレス》な仕事がつくりだされねばならなかった（ＢＳＪ　３）

　ここで参照されているケインズのテキストは「孫たちの経済的可能性」というエッセイです(7)。１９２８年、ケインズは最初に、この原稿を少年むけの講演のために書きます。それから、かれはこの原稿に修正をくわえていきます。そのうち１９２９年の大恐慌がやってきました。最終ヴァージョンは、それをふまえ、この破滅的出来事すらささいな「一時的な調整不良の局面」とみなし、それよりも１００年後、すなわちおよそ２０３０年、わたしたちのこの時代、「バラ色の未来」をおもいえがくよう誘っています。こうして、１９３１年にこのエッセイは公刊されました。

　この20世紀におけるもっとも偉大な経済学者は、大きな戦争や人口の極端な増加がないとすれば、「経済問題（economic problem）」は１００年以内に解決するか、解決が視野に入ってきているはずだ、といいます。経済問題というのは、ざっくりいえば、生存のための格闘の問題です。そしてそれは「稀少性」の問題とがっちりとむすびついています。16世紀のオランダの画家にピーテル・ブリューゲルという人がいますが、かれの有名な作品に「怠け者の天国」というものがあります。これは、民衆神話を絵画にしたものですが、要するに、みんながのらくらしていても、勝手に口のなかにローストしたチキンが飛んでくるとかそんな、

ピーテル・ブリューゲル「怠け者の天国」
（アルテ・ピナコテーク所蔵）

わたしたちのだれもが一度は夢見たことのあるだろう世界です。こうした世界では、「稀少性」の問題がありませんから、「経済問題」もありません。そもそもエコノミーとは、「節約する」という意味をもっていますね。稀少な資源をやりくりするという問題でもあるわけです。ケインズは、これまでもっとも切迫した最大の問題だった「経済問題」あるいは生存のための格闘から、おそらくわたしたちのこの時代は解放されているだろうとみました（かつては窮乏していた人類が技術的向上などによりだんだん豊かになっていくという歴史観自体は常識的なものではありますが――「進歩主義史観」といいます――、端的にまちがっています。これについては、あとでふれます）。そう予想を立てたうえで、それ以降のことをあれこれ考察します。人間がはじめて、それまではそこに身も心も相当のエネルギーと時間を奪われていた経済の問題にふりまわされることをやめるのですから、それに慣れるのも大変です。わたしたちはどう生きるのか、が深く問われてきます。かれは、こういう印象深いことをいっています。

それゆえ、わたしたちは、宗教や伝統的美徳のうちでもっともたしかで堅実なる諸原則のいくつかに立ち戻ることができる。つまり、貪欲は悪徳であり、高利の取り立ては悪しきおこないであり、金銭愛は軽蔑すべきものなり、将来をおもんぱかることもっとも少なき者こそ、もっともただしく徳と正気の叡智の道を歩く者なり、とこういった原則である。わたしたちはふたたび手段より目的を重視するようになり、利便より善なるものを好むようになるであろう。時間というもの、一日というものを、徳をもってうまく活用する方法を教えてくれる人を尊ぶようになる。ものごとを直接に楽しむことのできるよろこばしい人々、労役もしないしつむぎもしない野の百合のような人々が尊敬されるのである(8)

逆にいうと、少なくとも現存の資本主義システムにおいては、本来手段であるべきものが目的となっている、つまりお金の獲得が目的になって、いつもあすどれほどじぶんの富が増大しているか、あるいはあす食えているかを心配しては、いまを楽しむことができなくなっているといっているわけです。

さて、先ほどあげたグレーバーの小論からの引用においては、ケインズは「二〇世紀末までに、イギリスやアメリカのような国々では、テクノロジーの進歩によって週一五時間労働が達成される」と予言しているとされています。そのうえでこのエッセイを読んでみるならば、たしかにケインズは「一日3時間労働や週15時間労働」ですむようになっているといっています。しかし、これは100年後であってもそのぐらいの労働はそれでも必要だろうということではなく、本当は週15時間すらも必要ないのだけれども、労働を原罪として課せられたあげく、人生の時間のほとんどを労働に捧げてすごすようになった哀れな人間には、当面、それぐらい働かせて徐々に慣れさせないとノイローゼでやられてしまうだろう、といっているのです。

ここでのケインズのヴィジョンは、実は晩年のマルクスのコミュニズムのヴィジョンととてもよく似ているとおもいます。そして、マルクスのコミュニズムのヴィジョンと似たような美点と弱点も抱えています。このことが、ケインズを同時に、いまのBSJとは質を異にするけれども、やはり「ブルシット・ジョブ」的なものを奨励した理論家にもしています。それについては、これから考えていくことになります。

じぶんの仕事はなくていいという認識

さて、だれもが感じるように、いまわたしたちは、ケインズの予言したおおよそその時代を生きているわけですが、その予言は仰天するぐらい大外れしてます。これがなぜ外れたかについては、あれこれ議論されていますが、グレーバーは、このケインズの予言は外れていない、といいます。外れていないのに、外れているようにみえている。だとすると、その理由はなんだろうか、といった具合に問いを立てるのです。いまわたしたちはすでに一日3時間労働や週15時間労働ですんでいるはずなのだ、なのに、そうなっていないのはなぜか、という問い方です。もちろん、その答えとして「ブルシット・ジョブ」があるわけです。

このように、ウォブリーズによる劇的な労働時間の短縮の要求をあげて、それが可能であるはずだ、とする論の立て方から、ケインズによる100年後にはすでに人類は労働から解放されているという予言をあげて、実際にはすでにそれが可能になっているとする立て方に変わっています。

この議論の仕方の変化とおそらく関係があるのが、議論の基点の変化です。

小論でBSJ論のアイデアのきっかけとなったとされているのが、じぶんの仕事が無意味であると自嘲気味にグレーバーに告白した、元・バンドマン、現・企業顧問弁護士の友人です。「そのかれが、自分の仕事がまったく無意味なものであり、世の中になんの貢献もしておらず、みずからの評価において存在しないほうがましだと率先して認めたはじめての人間だった」。ここではじめて、無用な仕事の議論は、その基点、つまりＢＳＪに就いている当人の意識をうるわけです。それ以前のテキストはシステムに外から尺度をあててこの仕事は削減できるといっていますが、ＢＳＪ論になると、そのシステムを生きている人間がみずからこれはいらないと意識している次元が出発点になり、そこからなるべく離れないでこのシステムの不条理をあぶりだそうとしています。

「ケアリング階級の反乱」

そしてもうひとつ、重要な転機となったことを本のなかで述べている、これもまた具体的な出来事があります。

それは、２０１１年オキュパイ・ウォールストリート運動のなかでのことです。この運動はニューヨークからはじまって、全米、そして全世界に飛び火していった、現在のこのネオリベラルな資本主義システムへの大規模な大衆的抗議運動でした。グレーバーはこの運動に最初から参加して「われわれは99％である」という有名なスローガンの創作者の一人となります。

そこでかれは、あることに気がつきます。ケアにかかわる仕事に就く人たちからひんぱんに耳にするある不満があったことです。それはこの講義でも「エッセンシャル・ワークの逆説」として後半にとりあげる、『ブルシット・ジョブ』の核心にある重要な問題、すなわち、社会にケアというかたちで寄与したい人たちの憤り、そのような社会的に寄与する度合いの高い仕事の労働条件の劣悪さです。

二〇一三年の小論のなかで、わたしはこのことを強調した。その理由は、小論発表の二年前のオキュパイ・ウォールストリートの経験のなかで、それに気づいたからである。運動の支持者たち——とりわけ、とても忙しく働いているために、デモ行進に顔を出したりウェブで賛意を表明するぐらいはできるが、継続して占拠に参加することはできないような人たち——から最もよく耳にした不満のひとつは、つぎの一節に表現されている。「わたしは少なくともだれも傷つけない仕事を望んでいました。実際に人類になんらかの寄与をしながら、なんらかの方法で人助けをしたかった。人をケアしながら、社会に寄与したいのです。ところが、保健や教育、社会サービスなど、他者のケアにかかわる仕事に従事すると、ほとんど給料がもらえず借金が重なり、自身の家族の面倒さえみれなくなるのです」。そこにあるのは、現在の状況が生みだしている不正義に対する深く、揺るぎのない怒りの感覚であった。わたしは、この占拠運動を、ひそかにだが「ケアリング階級の反乱」と呼ぶようになった（ＢＳＪ　２７２）

かたや、そのような寄与などなにもしていないけども高給取りである人たちがいる。そして、それを自嘲気味にみずから了解している。かたや、他者に寄与しているけれども労働条件が劣悪であり、それに憤っている人たちがいる。この二つの現象があいまって、「他者ないし社会への貢献度が高ければ高いほど報酬が低く、貢献度が低ければ低いほど報酬が高くなる」という定式がみちびかれます。この逆説は、２０１３年の小論の時点からかなり強調されています（「たとえば、わたしたちの社会では、はっきりと他者に寄与する仕事であればあるほど、対価はより少なくなるという原則が存在するようである」）。そしてこれもすべて、働いている当事者の価値意識、つまり個々人の意識形態をくぐることでみいだされているのです。

なにかここで、それまでの、もちろん根源的ゆえにマイナーではあるけれどもユニークとはいえなかった問題提起が、一個のあたらしい宇宙を発見することで世界の見方を一新したといってもよいＢＳＪ論へと飛躍する契機がみられるようにおもいます。そして、その飛躍を促した文脈には、おそらく、いまあげたいくつかの具体的経験とそこからの洞察によって、「無用な仕事」という問題設定が、グレーバーの専門領域である人類学的領域、とりわけかねてより展開していた人類学的価値論の領域へと、がちっと接続したことがあるのではないか、とおもわれます。そしてその接続が、たんなる「無用な仕事」を「ブルシット・ジョブ」へと変容させたのではないか、そうおもわれるのです。

主観を経由するということ

先ほどの、最終作業定義をもう一度確認してみましょう。そこでは「被雇用者本人でさえ存在を正当化しがたいほど」、というかたちで、主観を経由しています。小論でも「わたしは、じぶんは意味のある貢献を世の中にしていると確信するだれかに対して、本当のところきみは貢献なんかしていないよとあえて語るつもりは、ここでは毛頭ない。だが、じぶんの仕事が無意味なものだと本人が確信しているならばどうか」と前置きをして、その企業顧問弁護士の友人の例をあげていました。ここでも、システムをその外から尺度をあてがって必要と不要をふりわけるやり方ではなく、その仕事を生きる人たちの内側から経由して、かれらのその世界を再構築しながら語るといった視点の転回があります。そして、さきほどみてきたように、この主観の次元を経由するからこそ、「ブルシット」というニュアンスのある言葉でしか表現できない、地球規模で展開している複雑な心理的駆け引きをともなった不条理劇をえがくことができたのです[9]。

ここで主観を経由するということの意味をもう少し述べておきたいとおもいます。

まず、先ほども述べた、人類学的価値論という点です[10]。

BSJ現象は、グレーバーの言葉遣いでいうと「社会的価値」にかかわっています。ただただ賃金の問題、つまり労働力の市場価格の問題であるならば、なにも問題にはなりません。BSJは、基本的には、労働条件は悪くないのですから。そうではなく、そこで問題になっているのは価格と等しい価値ではなく、「社会へと貢献する」という価値なのです。この価値というテーマは、グレーバーにとっても人類学にとっても重要な意味をもっています。経済学はこの価値を市場価値に還元する傾向があります。そうなると価値はほとんどイコール「プライス」となります。ところが人類学は人類史において価値現象がもっと広大な領域を占めていることを知っています。市場価値と区別される場合、とりあえず「社会的価値」という言葉が『ブルシット・ジョブ』では使用されています。愛とか友情とか連帯とか、そういった、わたしたちにとって、実は一番大事ないわゆる「プライスレス」の領域です。この市場価値と「プライスレス」な価値の領域を、それが分裂する以前の地平において考察する作業、この分裂もその地平から認識し直す作業が、人類学的価値論のひとつの要素をなしています。この点については、この講義の後半でまた戻ってきたいとおもいます。

しかしもうひとつ、もっとダイレクトに方法にかかわる問題があります。ＢＳＪが社会的価値にかかわる現象であり、したがって必然的に主観を経由するといっても、たんなる「主観的現象」にとどまるわけではありません。極端にいうと、みずからがＢＳＪとだれも意識していないからといって、それをもってその仕事がＢＳＪではないとはいえないということです。グレーバーはここで、社会科学的手法として、かなりプラグマティクな方法をとっています。「その定義は、ほとんど主観によるものだ。わたしはＢＳＪを、意味がなく、不必要で、あるいは有害だと働き手のみなしている仕事だと定義している。だがわたしは、その働き手の見方は正しいとも考えている」（ＢＳＪ　28）。またこうも述べています。「わたしはこのような仕事を『被雇用者さえ、その存在を正当化しがたいほど、完璧に無意味で、不必要で、有害だとも**感じている**有償の雇用の形態』だとは述べていない。わたしが述べているのは『被雇用者でさえ、その存在を正当化しがたいほどに、完璧に無意味で、不必要で、有害でも**ある**有償の雇用の形態』である。いいかえるなら、被雇用者が自身の仕事をブルシットだと考えていると述べているわけではなく、その考えは妥当でありかつ正しいと述べているのだ」（ＢＳＪ　３６９）。要するに、働き手の報告に説得力があり、さらにおおまかな数字――YouGovの世論調査の数字など――程度の裏づけがあれば、そこで報告されている仕事をＢＳＪとみなしてかまわない、といったぐらいのゆるい規定です。これは、『ブルシット・ジョブ』全体の論証の性格――仮説を提示しながらさまざまな角度からじわじわと裏づけていく――をあらわしてもいるようにおもいます。さらに、この知の部分性と現実あるいは存在の関係については、グレーバーが認識論的に依拠している哲学者ロイ・バスカーの「批判的実在論」が響いているようにもおもわれますが、そこには深入りしません(11)。ものすごく気になるという人もいるかもしれませんが、とにかくここではゆるく考えていきましょう！

（1）かなりラフな整理です。ハンナ・アレント『人間の条件』（志水速雄訳、ちくま学芸文庫、１９９４年）を参照してください。
（2）Harry G. Frankfurt, On Bullshit, Princeton University Press, 2005
（3）本当に余談ですが、厳密にいうと、この出だしは腹違いの妹・さくらが結婚してからの新ヴァージョンです。最初のヴァージョンは「おれがいたんじゃお嫁にゃゆけぬ」という出だしでした。
（4）ただし、ここでかつての「てきや」といわれる人々の稼業の大事な部分が本当に「ブルシット」であったといっているわけではまったくありません。むしろ社会にとって、重要な役割を担ってきたとおもわれます。
（5）David Graeber, Fragments of an Anarchist Anthropology, Prickly Paradigm Press, 2004, pp.80-81（高祖岩三郎訳『ア

ナーキスト人類学のための断章』以文社、２００６年、１４１〜１４３ページ）

（6）グレーバーは、ＢＳＪ論以前には、労働にかんして問題にするときは、無用な労働のまえに「働きすぎ」を問題にする傾向がありました。おなじく仕事を論じたかなり興味深いエッセイがあるのですが（『反転する革命』という論集に収められた「カミカゼ資本主義に抗して（Against Kamikaze Capitalism）」）、興味のある人はぜひ比較してみてください（David Graeber, Revolutions in Reverse: Essays on Politics, Violence, Art, and Imagination, Autonomedia, 2011）。

（7）John Maynard Keynes, "Economic Possibilities for our Grandchildren (1930)," Essays in Persuasion, Harcourt Brace, 1932（『ケインズ説得論集』山岡洋一訳、日本経済新聞出版、２０１０年）

（8）同前

（9）グレーバーはこの点について、こういっています。「わたしが主として関心をもっているのは、述べたように、主観的な要素だからだ。つまり、わたしの第一の目標は、社会的効用や社会的価値の理論を展開することではなく、わたしたちの多くが自分の仕事に社会的効用や社会的価値が欠けていると内心考えながら労働している事実のもたらす、心理的、社会的、そして政治的な諸効果を理解することにある」（ＢＳＪ 96）

（10）このグレーバーの方法論の基礎をなす人類学的価値論については、David Graeber, Toward an Anthropological Theory of Value: The False Coin of Our Own Dreams, Palgrave, 2001 を参照してください。

（11）グレーバーは、ロイ・バスカーというマイナーだけれども強力な影響力をもつ哲学者の批判的実在論という立場をみずからも採っていました。ここではものすごくラフにいいますが、世界はわたしたちの認識を通してすべてつかむことはできない（実証主義批判）し、だからといって世界はわたしたちによって構築された世界に還元できるわけでもない（ポスト構造主義批判）。わたしたちの知は世界に対していつも限界を抱えているからこそ世界は実在するのである、という発想です。かれはバスカーが亡くなったとき、『ガーディアン』紙に長い追悼文を寄せています。David Graeber, "Roy Bhaskar obituary," The Guardian (Dec. 4, 2014) (https://www.theguardian.com/world/2014/dec/04/roy-bhaskar)

第3講　ブルシット・ジョブはなぜ苦しいのか？

「専門職」の最悪事態

『ブルシット・ジョブ』では、第三章「なぜ、ＢＳＪをしている人間は、きまって自分が不幸だと述べるのか？（精神的暴力について、第一部）」、第四章「ＢＳＪに就いているとはどのようなことか？（精神的暴力について、第二部）」で、ＢＳＪ現象を「精神的暴力」という視点から分析する議論が展開されています。

これは、２０１３年の小論では、「ＢＳＪに就いていることには、精神的暴力がひそんでいる」とかんたんにメモされていた論点ですが、本になって2章分もあてられるということとは、そこで検討されている「ＢＳＪの罠にハマることによる道徳的・心理的影響」という論点がきわめて重要な意味をもっていることをあらわしています。

まず、ここでも証言からはじまります。エリックという、大学の歴史学科を卒業して最初の「専門職」でとことん幻滅をおぼえた男性からの報告です。これも『ブルシット・ジョブ』を通じて、印象に強く残る証言のひとつです。

かれは労働者階級の出身で、高等教育を受けたのも家族のなかではじめてでしたし、高等教育の目的をそれなりに信じていたようです。ところが、最初に就いた仕事がかれにとっては「まじりけなしの純粋な、すがすがしいまでのブルシット」だったらしいのです。

その仕事は大手のデザイン会社の「インターフェース管理者《アドミニストレーター》」というものでした。その大手のデザイン会社はイギリスに七つのオフィスをもっていたようで、そのインターフェースはコンテンツ管理システムだったのですね。つまりその七つのオフィスでコンテンツをシェアできるように構築されたイントラネットだったのです。

こうみると、それは複数のオフィスの相互連携や共同作業を可能にし、促進するために重要な役割をはたしているポストなんだな、とおもいますよね。ところが、エリックはだんだんと違和感をおぼえはじめます。どうも、組織内の連携にもともときわめて大きな支障があって、じぶんはそれをとりつくろうための「尻ぬぐい」として雇われたのではないか、という疑念が湧いてきたのです。ここはイギリスの学歴社会の文脈があり、わたしたちにはなかなか実感できないのですが、そこで働く男性（男性が中心です）たちは、おなじような大学出身――あえていえば、早慶出身者をイメージしたらよいでしょうか――で、たがいにライバル意識むきだしだったらしく、だから、そもそも連携なんかしたがっておらず、連絡もろくになく、バラバラだったのですね。だから、そうでなければ別に必要のないものだったのです。このイントラネットも。

　ところが、さらにわかってきたのは、事態はもっと悪かったということです。これだったら「尻ぬぐい」ですが、だれも「尻ぬぐい」すら期待していなかったのです。「尻ぬぐい」というのは、こういう連絡の不備をとりつくろってほしいからそこにある仕事ですが、この会社では、不備をとりつくろってほしいとは考えられていなかったのです。たとえば、片方のパートナーが事業を提案します。もう片方は、それに反論したりはせず、同意したふりをします。それから、かれらは、全力をふりしぼって、連携がうまくいかないよう努力します。

なにもすることがない、そして大胆な反乱

　じゃあなんで、エリックのポストがおかれたのか。かれによれば、そのポストを望んで提案したのは、この状況を問題であると考え、改善を望んでいた、会社でもたった一人の人物だったのです。つまり、それ以外の人間はだれもそんなことを望んではおらず、だから人事もおざなりだったのです。ＩＴの経験などまったくない21歳の歴史学科出身の学生でもなんでもよかった、というか、むしろ変に職務に適合した「人材」なんかはめんどくさくなりそうだから、まったくそれと縁もゆかりもない人物のほうがよかったのでしょう（エリックもそう考えています。「あの人たちがぼくを必要としていたのは、まさに、あの人たちが実行してほしくないこ

とを実行するスキルが、わたしになかったからで、だから、あの人たちはわたしをつなぎとめようと、すすんで金を払おうとしたのです」)。そもそも、会社が用意したインターネット環境も最悪のもので、しかも、そのような社内をカバーする通信回線にはみんなが警戒している(監視されてるんじゃないか、と)。だから、エリックにはほとんどなにもすることがありませんでした。数ヵ月でそれにエリックは気づいたみたいです。あ、オレなんにもすることがない、と。

それでエリックは、ひそかに反乱にでます。遅刻や早退をくり返し、毎日、ランチに酒を飲むようになりました(証言からすると、この会社では金曜日のランチには1杯のお酒を飲むことが推奨されています)。ランチタイムに外出して、それから散歩して数時間帰ってこない、あるいは、椅子に座ってずっとフランス語の新聞記事を読んで語学の訓練をする。辞めようとすると給料を上げる提案をされ、引き留められます。そんなこんなでなかなか進展しないので、エリックもだんだん大胆になっていきます。かれは別の地域の同僚にたのんで、いんちきの会議をでっちあげてもらい、出張して一日ゴルフをしています。あるいは、別の地域でのでっちあげの会議では、ただ会議場所のセッティングだけしてもらって、あとは地元の友人といっしょにパブのはしごをして飲んだくれます。だんだん生活も荒廃して、「髭剃りはとっくにやめていて、髪なんかレッド・ツェッペリンのローディーからパクったみたいになってい」たということらしいです。やがてかれは、これも視察名目の出張先(ブリストルです)で、ハウスパーティに入り浸り、ドラッグをやりながら三日間すごし、それでかれは本当に会社を辞めます。この証言をグレーバーにおこなった時点では、かれはドロップアウト文化のなかで野菜を育てながら心穏やかに生活をしています。

「おいしい」仕事を辞めるなんてバカ野郎？

かれが本当に辞めるきっかけになったのは、そのハウスパーティでドラッグびたりの三日間のあと、「完全に目的がない［無意味な］状態で生きることが、いかに深刻につらいのか」に気づいたことでした。じぶんでもなにがつらいのか、よくわかってなかったのですね。ここがBSJ論のとても重要なポイントのひとつです。エリックはどうみても、とても「おいしい」仕事に就いていています。ところが、それがかれの心を徐々にむしばんでいったのです。このような経験は、かれだけにかぎったものではありません。『ブルシット・ジョブ』にあげられたほとんどの証言が、多かれ少なかれ「傷ついていること」の記録です。まあ、それがなければそもそも報告なんてしてこないでしょうが。

とはいえ、やはりそれはふつう「おいしい」とされる仕事なわけです。じぶんでもそれはよくわかっている。でもなにかそれになじむことができない、というか、とても居心地が悪い。そこでかれらは葛藤します。友だちからも家族からも、そんな悩みは「ぜいたくだ」といわれる。それでまた悩む。人が悩まないことをうじうじ考えてるじぶんはどこかおかしいんじゃないか、要するに「甘えてる」んじゃないだろうか。日本でこんな立場におかれたとしましょう。たぶんだれに相談しても、おかしいんじゃないか、ですむのならいいけど、説教をくらいそうでしょう。これはイギリスなどでもそうなんですね。エリックの父親もそうでした。そんな高給取りの仕事を辞めるなんて、「なんてバカ野郎なんだ」と、くさします。

ここがまたひとつのポイントです。グレーバーは、エリックの証言を分析しながら、階級的要因がそこに影響していることを指摘しています。

先ほども述べたように、エリックは工場労働者の子息であり、典型的な労働者階級出身の青年でした。かれは家族のなかに大学出がかれしかいないという環境のなかで、高等教育の掲げるお題目の理念を信じていたし、仕事についての考えも旧来の労働者階級ならふつうにもっているような感覚をもっていました。つまり、その世界は、「大多数が、事物の製造や、保守や、修理に誇りをもっている、あるいはともかく、そのようなことに対して人は誇りをもつべきだと考えている、そのような世界」（BSJ 107）です。先ほどあげた、エリックが仕事を辞めたときの父親の反応ですが、そんないい仕事をやめるなんておまえはなんてバカ野郎なんだ、とくさしたのにはつづきがあります。「で、その仕事は、だれのどんな役に立ってたんだ？」と、父親はたずねるのですね。まさに仕事は、なにかの役に立つ、なんらかの社会的価値をもっているというのが前提なのです。

そのような世界で育ったかれが、ブルシットの世界と遭遇して感じる混乱は、そうでない場合と比較するとより大きなものになることはわかるでしょう。

ＢＳＪに共通する苦悩

グレーバーは、エリックの事例には「ＢＳＪに就いている人々が語るみずからの状況についての悩みのほとんどすべてが出揃っている」といいます。

つまり、たんに無目的であるだけではなくまた虚偽(falseness)でもあるということです。

これについては、ＢＳＪ論のポイントであるとしてきました。「あざむき」の次元です。無目的であることにくわえて仕事をしているふりをしている、つまりあざむきをしなければならないことが、エリックを悩ませていました。そしてそれは、証言のほとんどに共通するものであるのです。

ＢＳＪが人の精神を傷つけている、つまりＢＳＪのもたらすみじめさ(misery)のそのありようを、証言からいくつか汲み取っています。

まず、「あいまいである」ことがもたらすみじめさがあげられます。「感情労働(emotional labor)」という言葉があります。ただただ任務を肉体でこなせばよかった工場労働者でもないし、生徒に知識をもたらしその生活態度に向上をもたらすことがなによりの任務だった教師ともちがい、いまでは仕事で感情も動員することが必要になるというものです。たとえば、典型的な例としてひきあいにだされるのが、女性添乗員《エアホステス》です。彼女たちは、雇用条件のひとつとして、快活でおもいやりに満ちた、人当たりのよい仮面《ペルソナ》をつくりあげ、維持するよう多大な努力をはらわねばならないのです。マクドナルドの店員もそうです。かれらは雇用の条件として、スマイルを提供しなければなりません。じぶんがどんなに笑ってられない気分のときにもです。あるいは、日本の居酒屋でもある時期から、注文すると店員さんが、「よろこんで」と絶叫したりするようになりました。お客もそこまで要求しているとはおもえないですし、そこまですることを要求できるような報酬ではないとおもうのですが、これもまさに感情の動員です。ぶあいそうな店員も多い居酒屋で、わたしたちは別にいいのですが。こうしたかつては一部のサービス業で典型的だった感情の動員が、すべての労働に拡散しているのです。このテーマは、あとで戻ることになりますが、もちろん、ケア労働の問題とむすびついています。

感情の動員と「あざむき」

BSJもおなじく、感情の動員を必要とするものが多くみられます。そしてそれは、この

ＢＳＪ特有の「あざむき」の次元とかかわっています。

たとえば、キャンパス内の売店でバイトをやっている大学生のパトリックの証言のなかにつぎのようなものがでてきます。


その仕事は、学生会館の売店としてはかなりふつうのもので、（機械化もかんたんなはずの）レジ打ちのサービスに従事するものでした。はっきりと明示された条件があって、研修期間後のわたしの業績評価には「顧客へのサービス提供時には、もっと積極的であかるくなければならない」とありました。ですので、実質的には機械がほとんどこなせる仕事をやらせたいばかりか、それをわたしがたのしんでいるかのようなふりをさせたかったのです（ＢＳＪ　１１１）

別に人力の必要のないレジ打ちの仕事にくわえて、このたのしんでいるかのような演技の次元がパトリックのいらいらに拍車をかけています。

ただし、これも一応、あかるくしてください、と雇用の条件に明示されています。マクドナルドも客室乗務員もおなじです。マクドナルドの店員は、これはあとでまた説明しますが「クソ仕事《シット・ジョブ》」かもしれませんがＢＳＪではありませんし、客室乗務員はもちろんＢＳＪではありません。そして、そこでの感情の動員も、それがまた別のストレスは強いていますが、ＢＳＪのそれとは異質です。なにが異質なのでしょうか。

その要因が、この「あいまいさ」なのです。ＢＳＪはこうした「ふり」をどうすべきなのか、規定があるわけではありません。それこそすべては「空気」です。

仕事は実はほとんどないんだよね、だから呼びだしがあるとき以外は遊んでていいよ、とはっきり上司がいいわたす職場はあまりないでしょうし、ましてや、それが職務規程で明文化されている職場もなかなか考えにくいものがあります。すべては「あうん」の呼吸で成立しています。たとえば、『ブルシット・ジョブ』では、監督者である上司がなんとなく合図するということになっている職場もあります。イギリスの地方の役所で働くベアトリスの例です。

わたしの手本《ロール・モデル》となる「上級管理職《シニア・マネジメント》」の方々が、サッカーワールドカップの生中継をめいめいのデスクトップで流しっぱなしにしていたこともあります。わたしの理解では、こういうそぶりのあるときは、ゆるくていい時間だったので、仕事の必要がないときは内職に励みました（ＢＳＪ　１４８）

とこんな具合です。この上司にはっきりと、あ、いま内職していいんですよね、と、「空気の読めない」職員が聞きにいったとしたら、この上司はおそらく、そんなわけないだろ、仕事しろ、とか、あるいは、もっとやさしい人であれば、「だめなんだけど、まあ、ごにょごにょ」とか、あいまいに濁して返すでしょう（ただし、グレーバーも大学院生時代、学内アルバイトでマルクス派の教授だからだいじょうぶだろうと「実質の仕事ってどれぐらいですか？」と聞いたら、意外にも「おまえ、ふざけてんのか」的な反応が返ってきたエピソードをあげてますが、どんな反応がくるかは、その人の一見した「キャラ」からは読めなかったりするんですよね）。みんな、たとえば（長期雇用であれば）職場で先輩がすでにやっているのを見習ってとか、こっそり教えてもらうとかしておぼえたりするのです。

BSJと精神的ダメージ

ここではこのような事例がたくさんあらわれます。最初のほうでいいましたが、このような精妙な空気の読み合いというかせめぎ合いというか、その世界がこのBSJの宇宙であって、それが人の精神をとても疲弊させ、摩耗させ、ときに病に追いやっています。無意味であり、かつそれをあざむかねばならない、しかも、それを強いられることが、人の精神を追い込んでいくのです。

先ほどのエリックもそうでしたし、ほとんどの証言に、こうした精神的ダメージが吐露されています。ロビンという人がいます。かれは臨時雇いでしたが、ほとんどなんの実質的な仕事もないのに、忙しくしてみせろといわれます。最初はめちゃくちゃ楽勝とよろこんでたのですが、二日後にはこれまでの仕事のなかで最悪だとおもうようになっています。グレッグという人物は「たいがいのウェブサイトに表示される、あの手の迷惑なバナー広告の制作にあたる」広告代理店のために、その広告の設計者として働いていました。かれによれば、バナー広告の制作販売をしている企業は、すべて基本的に「詐欺」です。代理店がもっている調査結果からは、ウェブ閲覧者がそれをクリックすることなどほとんどないらしいのですね。でも、代理店は、広告の効果にかんするデータを粉飾したり、広告効果を巧みにプレゼンしたりして、クライアントにはそれをごまかしています。グレッグはこういってます。

ほとんどの場合、金払いの良い顧客《クライアント》は、自社のテレビCMをバナー広告の内部で再生させたいといって、複雑なストーリーボードと一緒に、複数「シーン」や必須事項を要求してきます。自動車関連の顧客がやってきたのですが、フォトショップを使って、サムネイル大の画像なのに、ハンドル位置を修正したり燃料タンクキャップを移動したりするよう要求してきました（BSJ　161〜162）

こんなクライアントの要求にも、グレッグは応じねばなりません。そんなことをしても、別にバナーのクリックが増えることはないことは百も承知で、です。ただ、それにはなんとか耐えていたグレッグですが、先ほどの代理店の保持する調査結果、ほとんどだれもクリックしてないという調査結果を目にしたとたん、やる気を失います。それどころか、精神的に病んでしまいます。それでかれは結局、転職することになりました。

その仕事で、無意味さはストレスを悪化させるということがわかりました。それらのバナー制作をはじめたときは、そのプロセスに耐えていました。ところが、その作業が、程度の差はあれど、意味がないものだということに気づいてしまうと、忍耐力はどこかへ霧消してしまいました。認知的不協和——結果に意味のないことがわかっているのに「気にしないふりをして」その過程に実際に参加していること——を乗り越えるには、努力が要るんです(BSJ　162)

「精神的暴力」の構造

どうして、こうした楽勝のはずの仕事で多数の人が苦しんでいるのでしょう。この精神的暴力はどこからやってきているのでしょうか?

ここでグレーバーの分析を確認したいとおもいます。

まず押さえるべき基本的ポイントは、人間が自己を獲得するその根源には、「原因となるよろこび」が存在するという発想です。『ブルシット・ジョブ』で、仕事に意味があること、実質があることを指す表現として「世界に影響を与える」という日本語があてられているとき、原文ではたいてい「make a difference in the world」がそれに該当しています。直訳すれば、「世界にちがいをつくること」、じぶんのおこないが世界をちょっとだけ変えることです。

グレーバーはこの論点を、ドイツの心理学者カール・グロースからみちびきだしています。グロースは、幼児がじぶんが予測できる影響を世界に与えられることにはじめて気づいたとき、ものすごくよろこぶことに気づきます。たとえば、じぶんがおもうままに腕をふりまわすと鉛筆が転がるとかそういうことです。そういえば精神分析家のジグムント・フロイトにも、毛玉を転がしてよろこぶ幼児のありようを「わたし」の形成の端緒にみなす議論があります。フロイトにおいては、それは、「いないいないばあ」遊びでした。つまり、受動的に母親の在不在にさらされたただ翻弄されていた幼児が、みずからその在不在を統制できる契機がその毛玉での遊びでした。じぶんで能動的に、いる、いないという状況をつくりだすのですから。だから、おそらくそれも、幼児がみずから世界に影響を与えることができる「原因としてのよろこび」ともいえるでしょう。そしてその積極的作用の出所として、自己が形成されるのです。

そこでは、くり返せるという契機が重要でした。精神の病の一種とされる強迫反復もそうですが、それはじぶんを原因として取り戻す懸命の試みでもあります。おなじように、グロースもおなじパターンの動作をもう一度おこなうことによって、同様の結果がえられることが重要であるといいます。グロースによれば、このみずからが原因となるよろこびを遊びの基礎とし、［権］力（powers）の行使は、もともとはその力の行使そのものが目的だと考えました。

なぜこれが自己の源泉になるかというと、そのなにか影響を与えたものが自己である、じぶんであると気づくからなのです。目の前の鉛筆が転がっている。そしてそれを転がしているのがどうやらここにある存在である、ということは「わたし」が転がしているのである、と。そして、その気づきに幼児は歓喜するのです。わたしたちが、自他未分の段階を脱出して、周囲から一定自立した存在としてある、その存在の感覚の根源には、それ以降もずっと、この原因としてのよろこびが作用しつづけている。そうグロースはいいました。だから人は遊びに、幼年期のみならず、大人になっても、いつまでたっても熱狂するのですね。それは、わたしたちの存在の根源にあるよろこびの発露なのですから。

ということは、十分に想像がつくとおもいます。ブルシットであること、「原因となれないこと」、世界に影響を与えることができないことは、自己の危機、自己の存立の危機なのです。実際に、グロースの実験では、こうした原因となる経験が途絶えてしまうと、「まず癇癪《かんしゃく》、かかわりの拒絶、さらに、一種の緊張症状をともなう世界の崩壊、そして外界からの完全な引きこもりがおこる」（BSJ　120）。人生のなかの精神疾患の問題の背後に、この「失敗した影響のトラウマ」があるとみなした別の精神分析家の分析も、グレーバーは紹介しています。

グロースは「原因となるよろこび」の理論から、演技《メイク・ビリーブ》としての遊び《プレイ》［ごっこ遊び］の理論を構築します。まさに幼児が鉛筆を転がせる能力によろこびを感じるのとおなじ理由から、人はゲームや娯楽を発明するというのです。わたしたちはみずからの力《パワー》［権力］を、それ自体を目的として行使したいとねがっているというのです。遊びとは、こうした純粋な力の行使です。そして、それは人間の最大の自由なのです。

自由の最高の表現が屈辱に変わるとき

問題は、BSJが、このような遊びに似ているということです。それは仕事のための仕事、ほかに目的のないたわむれでもあるわけです。ところが、人はBSJのそのような要素に怒りをおぼえ、しばしば精神的につらさを抱えている。これはどういうわけでしょうか。これも、ここまで議論されると、すでにこう結論している人も多いとおもいます。

> ただ働くことだけのために働くふりを強いられるのは屈辱である。なぜなら、その要求は、自己目的化した純粋な権力行使であると感じられる——正しくも——からである。かりに、演技の遊び《メイク－ビリーブ・プレイ》が人間の自由のもっとも純粋な表現だとすれば、他者から課された演技的仕事《メイク－ビリーブ・ワーク》は、自由の欠如のもっとも純粋な表現である（ＢＳＪ　１２２）

自由の最高の表現である無目的な遊びが、他者から強制されると、それは不自由の最高の表現へと転化するのです。たとえば、奴隷主が奴隷たちに、格闘技をやるように命じます。もし自由にやったらただただ愉快である、たがいに技術や駆け引きをたのしむゲームは、ここでは奴隷主の気まぐれの力の行使にどこまでも従わねばならない、その権力の純粋な発現と服従のあかしになります。

ＢＳＪがなぜ、かくも多くの人に精神的暴力として経験されるのか、その理由をグレーバーは、こう分析するのです。

どう悩んでいいかわからない

グレーバーはここで、「筋書きの欠落」すなわち「スクリプトレス」という心理学的概念も提示しています。

わたしたちの悩みや葛藤は、それぞれ個別のものでかけがえのないものです。とはいえ、おおよそそのような悩みに似たような悩み（職場でのいじめ、友だちとの借金をめぐる軋轢、恋愛における三角関係など）はだれかが経験したものであり、さまざまに語られてきています。人生相談のようなものはそれに対するさまざまな経験を有した人間が処方箋を与えるという構造をとっていますし、人間の創作する物語のほとんどはそうした人間の抱える悩みや葛藤をめぐるひとつの注釈であり、考察であるともいえるかもしれません。そういう意味では、わたしたちがなにか世の中でぶつかって抱えるものごとには、少しおかしな言い方ですが、どういうふうに悩むべきか「悩み方」の指南があるわけです。もちろん、その悩み方を採用したからといって悩みが解決するわけではありません。しかし、とにかくもやもやには型が与えられるのです。ところがBSJにはそれがない。どう悩んでいいか、わからない。

Amazon.comの『ブルシット・ジョブ』の販売ページのレビューの上位には、ある不動産業界で働く女性のものがあがっています。そこで彼女は、この本で、命が救われた、生きようとおもったといっています。問題を問題として特定するだけで、なにかぼんやりとしたもやもやを言い当てるだけで、このようなカタルシスが生まれる場合があります。それはこうした人の悩みに悩み方を与えた、「悩んでいいのだ」という裏づけを与えた、ということに由来しているとおもわれます。

第4講　資本主義と「仕事のための仕事」

なぜ無意味な仕事をするのか

前講で、ひとつペンディングにしていた問題があります。そもそも、なにゆえ人は、実質的にやることがないのに仕事をでっちあげてでもさせようとするのか、しなければならないと考えているのか、です。

仕事は、ひとまずなんらかの目的達成を名目としているはず。だったら目的達成したら、その時点で帰ってもいいとなりそうなものです。「市場原理」からしても、です。ところが、そうならないから、ＢＳＪが生まれ、数々の証言となって『ブルシット・ジョブ』に報告されているわけです。

グレーバーはここでじぶんが学生時代にバイトした例をあげています。レストランのバイトです。バイト仲間といっしょに、最初はいわれた作業を最速で仕上げようと、全力をあげて短い時間で与えられた作業を終えます。当然、ボスからはほめられるとおもいますよね。ところが、ほめられるどころか、イヤな顔をされて、怠けるんじゃないよ、と叱られます。それでグレーバーたちは、つぎからはのろのろと仕事をすることにした、とそんなエピソードです。

作業を効率よくすますことよりも、とにかく仕事時間中はずっと仕事をしている様子をみせることや、がんばっているふりをしていることのほうが大事、ということは往々にしてあるのです。

普遍的な仕事のあり方

実は、労働するとは、だれかがじぶんの時間を買ったことだ、だから、その時間内は労働をしなければならない——たとえすることがなくても——という発想は、けっして普遍的なものではありません。それどころか人類の歴史のなかでは、きわめてマイナーな、しかもごく最近生まれた「常識」であり、慣習でしかありません。

それでは、より普遍的な仕事のあり方はどのようなものか。それは「周期的激発性」といわれるようなものです。

つまり、仕事にふさわしいとき、それが必要なときに集中的に仕事をして、それ以外は、ぶらぶらしているとか、好きなことをしているとか、寝ているといったありようです。

狩猟採集民はそうですし、農民も典型的にそうです。繁忙期と農閑期がわけられ、人はそこで繁忙期に集中的に労働をします。あるときには、種まきや収穫に全人員と全精力がつぎこまれますが、そうでないときには、道具の手入れや縫物、こまごまとした作業、あるいはたんにぶらついたりしてすごす、こうした周期的パターンです。技術が向上して生産力も上がった江戸末期には、農村では休息日が一年のうちの相当を占めるようになっていたという話はきいたことがあるかもしれません。これはヨーロッパもおなじです。

もう少し身近で考えれば、たとえば職人を考えてもいいかもしれません。あるいは、作家でもいいかもしれません。もっというと、これはグレーバーが好んであげる例ですが、みなさんのほとんどがおもいあたることです。つまり、多くの人は、いま学生であるかどうかはともかく、ふだんから勉強しているわけではなく、試験間際に、それこそしばしば劇的に集中的に勉強したでしょう。もちろん、ふだんからコツコツと勉強して、試験にもあわてないという人もいるとおもいます。ですが、それは希有でしょうし、そういう人物のほうがとかく「変態」扱いされがちですよね。わたしたちの同業者も、原稿を書くにあたって、たぶんよっぽど立派な人でないかぎり、締め切り間際になって、あるいは締め切りがすぎてから(!)、激発的に仕事に集中しているとおもいます。

「タスク指向」と「時間指向」

グレーバーはここで、イギリスの歴史家E・P・トムスンの論文「時間、労働規律、産業資本主義」を参照しています。この論文は、たとえばミシェル・フーコーの『監獄の誕生』を筆頭にそれ以降の研究に多大なる影響を与えました。そこでトムスンは、ヨーロッパにおける時計の発明と浸透、そしてこの技術的変化と並行しながら起きていたモラルの変化――商人たちのなかに起きていた時間を有効に使わなければならないという変化――が、いかに18世紀の産業革命以降の動きのなかに組織化され、産業資本主義や近代国家の形成を可能にしたかを、説得力あるかたちで論じています。より詳細にいうと、中世後期以来の時計の発明と進化、同時期の商人たちの活動の活発化にともなう「時は金なり」に集約されるモラルの発展、そして産業革命以降の産業資本主義の展開と労働者の規律といった契機が絡み合って、ひとつの社会のかたちを形成するその過程を歴史学的に分析してみせました。

かれはこうした資本主義的モラルの浸透以前の仕事のありようを「タスク指向」と表現しています。その特徴は、

（1）時間労働よりも人間的にわかりやすい。農民や労働者は、必要性をみてとりながら活動する。

（2）タスク指向が一般的な共同体では「仕事」と「生活」のあいだの境界線がほとんどない。社会的交流と労働は混ざり合っており、労働日は仕事に応じて長くなったり短く

なったりする。

(3)時計で計られた労働に慣れている人間にとって、このような労働態度はむだが多く、緊張に欠けているように映る。

トムスンはこういっています(グレーバーも引用している箇所です)。

人々がみずから労働生活を統制している場所であればどこでも、労働のパターンは激しい労働と怠惰とが交互にくり返されるというものだった(このパターンは現在でも、アーティスト、作家、小規模農家、そしておそらく学生もふくむ、一部の自営業者に残っており、それが「本来的な《ナチュラル》」人間の労働のリズムではないのかという問いを喚起してくれる)。言い伝えによれば、月曜日と火曜日には、織機はゆっくりとした速度で「時間はたーっぷり、時間はたーっぷり(Plen-ty of Time)」と声を上げる。だが木曜日と金曜日には「一日中、カタカタ、カタカタ(A day t'lat, A day t'lat)」と声を上げる[強調引用者](1)

それが「ナチュラル」な人間の労働のリズムではないか、とトムスンはいっていますが、たしかに、人類学の観察はこの推測を裏づけています。人類はたいてい、ほうっておくならば、このように周期的な仕事の形態をとるわけです。しかし『ブルシット・ジョブ』であげられた証言をみればわかるように、実際には、たとえそのほとんどがＢＳＪであっても、たとえば週に一度とか、月に二、三度は必要なときがあるわけです。基本的に待機しておくことが重要である仕事は、そもそも周期的形態をとるはずです。そのような現実的な仕事のパターンに、「時間指向」（タスク指向に対立する近代的仕事を表現する概念です）の仕事の形態を押しつけようとするところに、ブルシット化の圧力が押し寄せてくるわけです。そして「時間指向」の仕事のパターンの文脈には、時計によって計測された抽象的時間の浸透と、それを媒介とする労働者の身体や生活の規律があったわけです。

われわれの社会は、必要なときにガーッとやってそうじゃないときにはゆるくしているといった労働形態をゆるさない、仕事の性格おかまいなしに時間でいわば抽象的に区切る、そういう強制がはたらいています。先ほどのトムスンの言葉にもあるように、「みずから労働生活を統制している場所であればどこでも、労働のパターンは激しい労働と怠惰とが交互にくり返される」。ということは、逆にいうと、みずから労働生活を統制していない場所に、このような時間指向の労働形態があらわれるのです。これがおそらく賃労働制と呼ばれるものと関係していることは、みなさんもなんとなくおわかりでしょう。

「時間指向」と人間の限界

ここは大事なので、少しふれておきたいとおもいます。

みずから労働生活を統制する、ということは、いささかむずかしい専門用語では、「労働過程のイニシアチヴを直接生産者が握っている」と表現されたりもします。資本主義以前の労働過程は、たいてい直接生産者が握っていました。これは封建制においても変わりません。監視も管理もきつくないですし、画一化された生産方法が上から指定されていることもない。だから、働く人たちは、政治的にはどれほど従属していても、働く現場においては、みずからの才覚と裁量を発揮できる余地が多かれ少なかれあったのです。だから、日本でもヨーロッパでも、中世末期には、農民の余暇時間が大幅に拡張していたのですし、産業資本主義への移行期にあたる19世紀には、二つの慣習——タスク指向と時間指向——が激しい衝突をみせたのです。ヨーロッパには19世紀前半には労働者のあいだに「聖月曜日」という習慣もありました(2)。労働者は仕事の終わった土曜から飲みはじめ、月曜も飲みつづけ、勝手に仕事を休んでしまうのです。そればかりか、19世紀後半になってもアメリカにおいてすら、労働者はじぶんの休みたいときに休んで、じぶんの帰りたいときに帰るといった経営者の嘆きがたくさん残されています(3)。少し前にふれましたが、労働組合運動も、20世紀はじめまではこうした感覚の延長で、自由時間の増大をめざしていました。賃労働のくびきから解放されて、じぶんのイニシアチヴのとれる時間を求めていたのです。

たとえば、わたしたちのまわりでもよく耳にしないでしょうか。サラリーマンをやめてラーメン屋をやりたいとか、喫茶店をやりたいとか。まわりはもちろん、止めます。そんなにかんたんなものではない、いまより働く時間も長くなるし、不安定になるし、収入も減る、と。ラーメン屋をやりたいと口にする人の本気度もさまざまでしょうが、そういいたくなる気持ちは多くの人々がもっています。他人にいわれるまでもなく、そのようなリスクもデメリットも、たいていの人はわかっています。しかし、それでも自営でいたいという気持ちのうちには、労働過程のイニシアチヴはじぶんが握りたいという願望がひそんでいるのです。つまり「タスク指向」を「時間指向」が制圧するさいの歴史的な葛藤は、ここにもつらぬかれているわけです。少なくとも時間指向の仕事のあり方がどこか人間にムリを生じさせるものだということです(4)。

「自由」になった労働者たち

このようにして資本主義への移行の過程において、直接生産者たちはじぶんの仕事を裁量する余地を奪われていくわけですが、そこで必要だったのは、「民衆的知への攻撃」でした。第六章では、こう述べられています。「桶屋や荷車製造者、女裁縫師たちは、それぞれに独自の秘密の知を有する誇り高い伝統の継承者であると自認していた。ところが、あらたに官僚主義的に組織された株式会社や『科学的管理法』は、労働者をその動作のすべてを上からあらかじめ規定することで、可能なかぎり文字通りの機械の付属品へと変えようともくろんでいた」(BSJ　303)。職人には、その職人しかわからない伝承と経験によって蓄積された知があります。だから、かんたんに取り替えはききません。ところが、資本家たちは、こうした民衆知とかそれによって労働過程がじぶんの自由にならないことががまんできなかったのです。そこで、「科学的管理法」があみだされます。労働過程がいかに効率的に編成されるかの研究から生まれた応用的知の分野です。フレデリック・テーラーというエンジニアが発案したもので、労働者の身体動作や労働過程を分解し——ストップウォッチで計測しました——、そのうえでもっとも生産に資するような「合理的」編成をみちびきだすといった方法のことです。人間の身体の挙動をあたかも機械のように分析し、それを使用する工具や工程を標準化しながら、最適に配置／配分するのです。これによって熟練は不要になります。その成果が、たとえばチャップリンの『モダン・タイムス』をおもいだしてほしいのですが、あのような完全自動化された工場です。あの工場で、一介の労働者であるチャップリンは、あまりの仕事の単調ぶり、無意味ぶりに精神失調をきたしていました。その「合理性」は、労働者の身体や精神にとっては大きな負荷となってあらわれました。そしてその「合理化」

の目標は、コツとか熟練とか労働者同士の密な関係性といった、経営者／管理者がどうにもふみこむことのできない労働者の自律の基盤となる世界を解体することにありました。

この過程はまた、19世紀には強かった労働価値説（労働者による労働こそが価値の源泉である）という発想から、価値は主要には消費過程における消費者の主観によるといった理論への転換と並行しています。そして、労働者こそ価値の源泉であるという発想が強力だったアメリカでは、それを根絶するために、長期にわたり、経営者こそ創造の源であり価値を生産する主体であるという発想へと常識を転換させることに多大なる努力が投入されてきました。それに20世紀に入っておおよそ成功して、いまにいたるわけです。

となれば、労働者はどうなったのでしょう？　「消費者」になります。先に述べましたが、労働運動も直接に労働過程を支配することをあきらめ、それとひきかえに賃金や保障の面での向上をえました。生産での従属を、消費領域での「保障」や「自由」であがなうということになったのです。これを「フォーディズム的妥協」といいます。それは労働組合からアナキズムの影響が薄れ、マルクス（レーニン）主義の影響が濃くなっていく過程でもありました。その目標が自由時間の増大から、賃上げへと移行していく推移の文脈にはこうした動きがあったのです(5)。

『ブルシット・ジョブ』では、労働価値説の罠をここにみています。19世紀の労働価値説にあっても労働をモノの生産に等しいかのように考えてきたがゆえに（ケアなどの要素を排除してきたがために）、それは機械でも代置できるものであって、だからこそそれを指揮する経営者こそが価値を生むのだ、と反転させるスキを与えてしまった、というわけです。

そして、これがまた、つぎに述べる「雇用目的仕事」の隆盛を促す条件です。

「おまえの時間はオレのもの」

さて、賃労働制の成立のためには、人の時間を売買できるという前提がなければなりません。奴隷制ではないのですから。たとえば、9時から5時まで、人間を買うとします。そうすると、その時間は、買い主は、買われた人間を好きに扱うことができます。じぶんの意のままに扱うことができるわけです。所有物なのですから。しかし、わたしたちの現代の労働の大半はそうではありません。それでは、賃労働制で買われているものはなんなのでしょうか？ それは労働するわたしたちの力、創造力、すなわち「労働力」なのです。これでわかるでしょう。あなたを雇っている人間は、あなたのその創造力を時間単位で購入していますす。9時から5時まであなたの労働力を買ってるんだから、やることがないからといってぶらぶらされると、なんか損した気分になってイライラするわけです。「おまえの時間はオレのものなのに、おまえはオレのものを盗んだ」という心情がここから生まれます。

こうした「おまえの時間はオレのもの」的発想は、資本主義社会外の人類社会にはほとんど存在しませんでした。人に働かせるときがあるとしても、たいてい奴隷としてか、あるいは生産物を買い上げる（職人相手のような場合）、あるいは、年貢を規定の範囲でさしだしてくれればよい、などでした。それに、キリスト教では、時間を買うことが神への冒瀆として長いあいだ許容されていませんでした（だから利子も禁止されていました。時間が富を生むわけですから）。

仕事のための仕事＝雇用目的仕事

このように、労働形態においてタスク指向が時間指向に変化することが、「たとえするべきことがなくても、ある種の人間たちはいつも働いていなければならないという発想、そのような人間たちの時間は仕事をでっちあげてでも埋めなければならないという発想」の条件です。仕事のための仕事、つまり、だれかを働かせるために「でっちあげられる」仕事、やがてBSJというかたちをとるこうした仕事を、より一般的に「make-work」といいます。わたしたちはここでは「雇用目的仕事」という日本語をあてています。『コリンズ英語辞典』では、「a job, project, or assignment that serves no useful purpose other than to give an otherwise idle or unemployed person something to do」[6]と定義されています。「そうでもしなければ怠惰なあるいは失業した人間に仕事を与える以外に、いかなる有益な目的ももたない仕事、プロジェクト、課業」という意味です。アメリカ英語ですが、20世紀の前半にこのような意味での初出がみられるようです。

かつて一大現象にならなかったBSJ

仕事のための仕事、人をただ労働の状態におくだけのためになされる労働、もしかすると、そのようなものはかなりむかしからあったかもしれません。囚人労働として、懲罰の形態としてあったかもしれません。これが現代になってひとまず「自由人」のものになるということは、大きな変化です。これには労働というものについての考え方の変化があり、その前提としては時間の考え方の変化があるというわけです。

グレーバーは、「雇用目的仕事」が、ひとつの厚みをもった現象として社会の中心部分にあらわれるのが、社会主義ないしケインズ主義的福祉国家の時代であるとみなしています。「穴を掘って埋めろ」とは、ケインズの政策、つまり政府がみずから公共事業をおこなって雇用を創出するという、そのようなありさまを揶揄していわれたものでした。つまり、雇用のための雇用という意味での「雇用目的仕事」は、BSJの前史をなす社会主義と完全雇用政策の時代にもまたはびこっていたのです。とすれば、それといまのBSJとは、どうちがうのでしょうか？

現代のネオリベラリズム時代のＢＳＪと20世紀の完全雇用時代の「雇用目的仕事」のちがいはなにか、と問われ、こうグレーバーは語っています。ここは重要なので、少し長く引用します。

多くの点で、構造的に類似があるとわたしはみています。どちらの場合にも、完全雇用に対する強力な政治的圧力があります。現在、これについて考えてみるならば、富裕国における左派と右派とが完全に同意している点がひとつあって、それは「仕事が多い」ことはつねにいいことだという点です。たとえ、仕事をどうやって創出するかという点では、意見が分かれるにしても。しかし、この見解の相違は、それらのあいだの立ち位置のちがいについて、洞察を与えてくれます。左派のアプローチは、ケインズ主義に典型的ですが、消費者にお金をばらまいて「総需要」を引き上げようというものでした。そうすれば、もっとチーズやテレビ、プールなどなどを生産しなければならないから、雇用者ももっとたくさんの働き手を雇用することになるよね、というわけです。一九八〇年代以来支配的である、右派の「サプライサイド」アプローチは、お金をたんに直接に富裕層に流せばいいよね、といったものでした。そこでは、富裕層は「雇用創出者」として、どう投資すればよいかいちばんよくわかっている、と想定されていたのです。しかし、もちろん、総需要に上昇がみられなければ、かれらがあたらしい人員を雇い入れるといったこともありません。購入する人間がいないのですから。とすれば、どんどん税負担は緩和されていくいっぽうで、雇用創出の政治的プレッシャーはかかる、そんな状況にかれらはどう応じるのでしょうか？　もっと取り巻き《フランキー》やそれ以外の配下を雇って、自分をもっと強力で重要にみせるといったことは、論理的筋道としてはありえますし、実際に、そのような事態が、多くみられるようになったのです。それはかつての社会主義体制のものとさして変わらない再分配の仕組みなのです。ただしそこで創出されるのはプロレタリアの仕事もどきでは《ダミー》ありません。管理や経営にかかわる仕事もどきなのです。こうした仕事もどきに就く人々が、それをどう経験するかにはちがいがあります。資本主義ヴァージョンでは、社会主義ヴァージョンよりも、もっと高い格が与えられます。ですがそれと同時に、もっと強力な監視もついてきます。もしなにもすることがなくても、実際に忙しいふりをしなければならない。そのように強いられる度合いは、資本主義ヴァージョンのほうがはるかに高いのです［強調引用者］(7)

無意味な「雇用目的」の仕事というのは、資本主義がはじまって以来いつも存在するにはしていました。しかし、とにかくなんでもいいから仕事をつくれ、という雇用創出の圧力のもとでつくられる仕事がとくに増殖してきたのは、工業化が発達し、かつ労働組合の組織化も上昇してきた、20世紀あたりからです。それまでの資本主義では、これも基本的には、ですが、小規模の工場や企業が競争状態にあって、労働組合もまだまだそれほど強力ではなく、雇用の状況も不安定でした。むしろ、いつも失業状態と不安定雇用の半失業状態の人間をプールしておく（これを「産業予備軍」といいます）ことによって不断に労働力商品を競争状態におくことで、労働力の価値を切り下げること、つまり利潤を高く確保することができます。要するに、あんまり労働条件に文句いってると、どうなるかわかってんな、おまえのかわりはいるんだからな、といったふうに、劣悪な労働条件で甘んじさせることができるのです。

左派右派の発想をくつがえす

ところが、20世紀に入って、重工業化もすすんで、ますます産業が大きくなると同時に、労働者の組織化もすすみます。これまで述べてきたように、労働組合の要求も、20世紀当初は、賃労働からの解放もにらみながらの自由時間の増大を指向していたものが、労働条件をよくして、雇用を拡大するといった方向へむかいます。要するに、労働からの解放ではなく、労働の解放という指向性、このシステムそれ自体を変えるというよりは、そのなかに入ってじぶんたちの取り分を大きくするといった指向性にシフトします。長時間労働からの解放の展望を100年後においたケインズの経済学は、そこにいたるまでの過程に経済はどのようにあるべきか、「マクロ経済学」によって処方しました。それがひとつのきっかけとなり、政府が需要を刺激する、すなわち積極的に産業を形成し、投資を活性化させることで、雇用を創出・拡大し、購買力を上昇させ、さらに需要を促進させる。このようなかたちで、第二次大戦後のいわゆる高度成長へと結実する好循環が生まれます。社会主義も、そのように政府が積極的に市場に介入し、雇用を創出するといった点ではおなじです。

先ほどの「穴を掘って埋めろ」というBSJを表現しているような無意味な仕事についての格言は、ケインズ主義についていわれていました。ケインズ主義や社会主義では、しかし、そこで創出された雇用は基本的には生産にかかわる労働者のものでした。ところが、かれらはいまや、それこそ容赦のない「効率化」や「合理化」の攻撃にあって、まるで19世紀のような不安定雇用を強いられつつあります(ここだけみると、よくある「市場原理主義」批判としてのネオリベラリズム批判になります)。それに対して、いまでは右派が雇用創出をやっている。それは需要をつくりだすのではなく、富裕者をもっと富裕にすればいい。そうすれば、かれらは投資の仕方をよくわかっているから、「雇用創出者」としてうまくふるまうだろう。あるいは、金持ちをもっと金持ちにすれば、かれらがうまくお金を使って、景気が刺激され、産業が活性化するだろうし、そうすれば雇用も生まれるだろう、という発想です。「トリクル・

ダウン」という理論も、こうした発想のなかにあります（お金持ちをどんどんお金持ちにすれば、富が下の方まで流れてきて、みんな底上げされるよという発想です）。ところが、そうはなりませんでした。お金持ちはどんどん金持ちになり、いわゆる「格差拡大」は歯止めがききません。

この文脈にあるのが、ＢＳＪの増殖です。つまり、そこでは「雇用創出」が、生産にかかわる労働者ではなく中間管理職を中心としたＢＳＪの増殖としてあらわれるから、「全体の底上げ」としてはあらわれないのです。しかも、ここでグレーバーもいうように、かつての労働者よりも監視がきつい。いわゆるわたしたちの社会もふくめ、自由主義陣営に属している社会では、社会主義国のなかの労働者について、仕事に来てはずっと新聞を読んで、冗談をいって、ウォッカを飲んで、適当に帰るといったイメージが、見下した調子で語られてきました。「ブルシット・ジョブ」の立場からすれば、それはまだ「天国」のようにみえるかもしれませんが。

重要なことは、ＢＳＪ論は、「雇用創出イデオロギー」を根本から相対化しているという点です。いまでも「左派」にはこうした雇用創出システムとしてのケインズ主義への固執がみられます。とにかくお金をばらまいて雇用を創出して景気を刺激し成長につなげていくという発想です。しかし、もうそれはいまの言葉を使えば「持続可能」でないどころか、かねてよりそれが本当によいことだったのかが問われているのです。これはＢＳＪ論のひとつの重要な論点とむすびつきます。この高度成長が絶頂に達していた1960年代こそ、人類史でもまれな世界規模での民衆反乱が起きた時代でもあったのです。それは少なくとも「西側諸国」においては、そのような「高度成長」の体制に対する根本的異議申し立てでした。いずれにしても、このようにBSJを超えて「雇用目的仕事」そのものを的にかけることで、グレーバーはこうした左派右派の共有する土台そのものをひっくり返そうとしているということは押さえておいてください。

つまり、左派は政府が介入して富を集め、それをばらまく。右派は金持ちが富をかき集め、それをばらまくというわけです。こうした発想に未来はない、というのがBSJ論の立場です。

「人間とはなにか」という問題

さて、とはいえ、わたしたちはあのパーソナルなプチ反乱の末に仕事を辞めた労働者階級出身のエリックのような人に遭遇したら、やっぱりなに悩んでるんだとなりそうですよね？どうして、そうおもってしまうんでしょうか？　なぜ、なんにもしないで稼ぐことが苦痛であることなんてありえない、みんな率直にうれしいはずだ、と考えてしまうのでしょうか。

ここでグレーバーは、そのようなおもい込みの根拠を探ります。これはたんなる日常的常識の問題にとどまりません。それには「人間本性」、かんたんにいえば「人間はなにを求めて、どのように動くのか」、要するに「人間とはなにか」についての理論的基礎があるというのです。

それは経済学です。というか近代の経済学がその根をおいている「ホモエコノミクス」という人間観です。「経済人」とも訳されます。グレーバーによれば、あるいは近代経済学に対するもっとも手強い批判者である人類学者の多数によれば、「経済人」は近代資本主義社会の神話でしかありません。

それではそれは、どういう発想をとるのでしょう。「コスパ」という表現がここしばらく日本では流通してますよね。あの商品はこの商品より「コスパ」がいい、というとき、価格の割に性能がよいという割合が比較されるのですよね。あの寿司はうまいけど高い、この回る寿司はうまくて安い。このようなとき、回る寿司は「コスパ」がいいといわれます。これは「コストパフォーマンス」の略語ですが、かんたんにいうと、最小の支出で最大の利益をあげる可能性のことをいっています。この文脈でいうと、人間は、コスパ計算にて生きるものなり、とわたしたちも考えています。つまり「人は放っておかれるならば、だれしも最小の資源と最小の労力の支出で、みずからの欲求するものを最大限に獲得できる行動を選択する」ものだ、とする人間観です。もちろん、この「ホモエコノミクス」的人間観は、資本主義とともに浸透しますが、その文脈のひとつに、ヨーロッパでは、古代以来、人間は本性から貪欲で放っておけば無限の欲望をもつ、といった発想が一部では流布していたことがあります(8)。あたりまえとおもうかもしれません。しかし、そういうふうに人間を考える文化は実はあまりみられないのです。

そんな人間のはてしない欲望に比較するならば資源は稀少で、人間は機会があれば、その欲望をみたすべく資源を最大限利用するものなのだ。資本主義の興隆にともなって、経済学はこのようにそのローカルな伝統を引き継いで定式化しました。

なにもしなくていい人間はどうなるか

グレーバーは、経済学者の論文の目のくらむような数式も、せんじつめるとこの単純でしかも誤った根拠に足場をおいているのだ、と皮肉をこめていいます(人類学者あるいは社会学者たちも、ずっとこういうかたちで経済学を批判してきました)。

でもそれはそうじゃないか、とみなさん、考えるかもしれません。そりゃなるべく楽していとか、なるべく安くていいものを求めるのが人間というものじゃないか、と。たしかに、人間にはそういう側面もあります。しかし、それは人間のあり方のほんの一面にすぎません。ここでグレーバーは、すぐにわかりやすい例として、労働者階級に属する人が宝くじにあたった場合、仕事をやめる人間はいないか、やめても後悔するというものと、囚人労働の例をあげています。刑務所において、最大の罰はなにもさせないことです。非資本主義社会を主要なフィールドにする人類学は、人間がこのような「経済人」的動機によって行動することが例外的であること、ましてやそれを人間の本性とみなすようなことはめったにないことをあきらかにしてきました。そして、たとえ現代において骨の髄まで資本主義の原理で動いているようにみえるこの社会であっても、人が「経済人」のような原理で動くような機会は、人が考えているよりとても少ないのです。

ここで重要な指摘がされています。

> わたしたちの仕事にまつわる公的な言説の数々は、経済学者のモデルが正しいという想定から出発している。人は仕事を強いられるべきである。しかるに、もしも貧民が飢えから解放されるほどの十分な保障を与えられるとしても、その保障はあたうかぎりで最も屈辱的で面倒なやり方で与えられるべきである。なんとなれば、そうでもしなければ、その者たちはごくつぶしとなって、ちゃんとした仕事をみつけようなどというインセンティブをもたないだろうからである。この想定の根本にあるのは、寄生して生きられるという選択肢が提示されたなら、いうまでもなく人はそれを選択するであろうという発想である（ＢＳＪ　117〜118）

ここでは日本社会を生きるわたしたちにとっても、とても重要なことがいわれています。人間はほうっておけば楽をしてもうかればいいという生きものであるという発想は、人間はなにかを与えられれば必然的にどんどん怠けるという発想とつながっています。

ディズニーとピクサーが製作した『ウォーリー』（アンドリュー・スタントン監督、２００８年）というアニメーション映画をご存じでしょうか。人間はゴミだらけになって住めなくなった地球を捨てて宇宙船に移住しています。地球ではゴミ処理ロボットのウォーリーがひたすらゴミを処理しています。人間はといえば、完全に自動化された環境のもとで、まったく動くことなく、食ってはだらだらして、ぶくぶく太っています。この作品それ自体はよくできてるしおもわず感動してしまうようなお話なのですが、ただ、この人間の描写はこの経済学的人間観の延長上にあります。人間は自動化されなにもしなくてよくなったら、本当になにもしないでだらだらとテレビをみてはうまいものを食って、ただただぶくぶくと太っていくだけという人間観です。失業保険とか生活保護などがあると、すぐもらいたがって、働こうなどとおもわなくなる。だから、なるべくあれこれ条件をつけ、さらに条件がそろっていてもあれこれいやがらせをはじめなるべく屈辱を味わわせて、もらいづらくするのだ、と。

イギリスですら生活保護の捕捉率（生活保護を利用する資格のある人がどれほど生活保護を実際に利用しているかの割合です）は87％ですが、日本では19・７％です(9)。まず正確な情報が伝えられていないということ、そして悪名高い窓口であれこれのいやがらせや誤った情報で追い返される「水際作戦」が一因だといわれています。さらにはそれに、生活保護を取得することが「恥ずかしい」という「スティグマ」意識がくわわります。この事例から透けてみえてくるのは、人間は放っておくと怠けてしまうという人間観の日本における独特の根深さ、さらにそういう「怠け者」にみられたくないという精神的呪縛の強さです。たとえば、日本社会における子どもあるいは未成年への不信には強力なものがあって、たとえば、とにかく学校が終わったあとの時間でも、あるいは休日であっても、なにかによって束縛しておかないと不安であるという気運が漂っているようにおもいます。部活や校則、宿題も、人間のなにかを向上させるというよりは、こいつらは放置するとろくでもないから、とにかくなにかルールに恒常的に服従させ、なにかをさせておくべきであるという発想がその根底を支えているようにもみえます。学業はジョブではないので、BSJではありませんが、日本社会では、幼少期から規律的意味しかない無意味な規則や挙動を長時間強いられることで「ブルシット・ジョブ」への耐性がよそよりもあるといえるかもしれません。

とはいえ、日本ではほかと比較してもかなり強力であると推測はできても、先ほどの引用にある「もしも貧困者が飢えから解放されるほどの十分な保障を与えられるとしても、その保障はあたうかぎりで最も屈辱的で面倒なやり方で与えられるべきである」という発想は、いまの世界で共通です。たとえば、ケン・ローチのような映画監督は、失業者にその保障ひとつ付与するにも、このような「最も屈辱的で面倒なやり方」で、とことん尊厳を傷つけるしかたでしか与えようとしない、ネオリベラリズムの支配する現代イギリスの荒廃した風景を、怒りをもってえがきつづけています。とりわけ2016年に公開され、カンヌ国際映画祭でパルム・ドールを獲得した『わたしは、ダニエル・ブレイク』という作品をぜひみてほしいとおもいます。大工として長年実直に働いてきたダニエル・ブレイクという人物が心臓発作で失職します。医者からは仕事を止められるのですが、役所は働けるとして給付金の資格をおろしません。かれには、失業保険や給付金獲得のために、ありとあらゆる不条理な官僚制的ペーパーワークがおしよせてきます。そこには典型的なBSJ的経験でもある、パソコンによる申請書入力のおそるべき煩雑さや——長年の大工仕事のベテランにはなおさら酷な——、申請資格のために求職活動をでっちあげて書類を作成するむなしさ、さらにはそうしたハードルを越えても申請は却下されるという残酷さが浮き彫りにされます。というより、この過程それ自体が、長年、大工として社会に貢献もしてきた、つまり価値のある仕事を地道に積みあげてきた労働者に対する、ある種の残酷な懲罰的サディズムにもみえてきます。『ブルシット・ジョブ』最終章では、福利厚生管理士のレスリーというまさにこうした状況に対応するためNGOで働いている人物が登場します。彼女の以下の発言は、このダニエル・ブレイクの状況にぴったりと対応しています。

わたしの仕事は必要であるべきではありません。でもこの仕事が存在するのは、必要な保障から人々を遠ざけるために発明された一連のブルシット・ジョブのためです。補助の申請がこれまで、十二分に不条理《カフカエスク》ではなかったし、十二分に侵害や屈辱を与えてこなかったとばかりに、ブルシット・ジョブは、さらにそれを信じがたいほど複雑なものにするのです。受給資格を有しているときでさえ、その申請の過程はあまりに複雑だから、たいていの人は、応答すべき質問やみずからの権利を理解するのに手助けが必要なのです（ＢＳＪ　３４８）

豊かな社会——最小の労働と最大の余暇

グレーバーの師匠の一人にマーシャル・サーリンズという偉大な人類学者がいます。かれには「初源の豊かな社会（The Original Affluent Society）」というタイトルの、大変影響力をもった論文があります。この論文からエコロジーのひとつの有力な運動の潮流が生まれたくらいです。

この論文のタイトルについてふれておくと、おそらくすぐさま気づかれるように、ここではまちがいなく、１９５８年に公刊され大ベストセラーとなった経済学者ジョン・ケネス・

ガルブレイスによる『豊かな社会（The Affluent Society）』という著作が意識されています。この著作のひとつの意図は、第二次大戦後に物質的な豊かさを獲得していくアメリカ社会が、そのいっぽうで公共部門の貧困をさらしつづけていることへの批判をすることにありました。サーリンズは、このような現代に「豊かさ」の達成をみる経済学の前提を念頭におきつつ、この時点までに積みあげられてきたフィールド調査からみちびきだされた数々のデータを駆使しながら、経済学的な進化論が「豊かな社会」を現代的達成としてみなすところで、それを未開社会のうちにみいだす逆説、それこそ「コペルニクス的転回」を提示しました。

それがなんでそれほどまでに影響力をもったかというと、そこには、「経済人」のイメージとはほど遠い、人間のありようが生き生きとえがかれ、また、データによってそれが裏づけられていたからです。

経済学にかぎらないのですが、ヨーロッパ由来の近代的知性あるいは常識は、未開社会で生きる人たち（そしてわたしたちの遠い祖先）は、貧困にあえぎ、ギリギリの飢えの不安のなかで生きていると考えてきました。ところが、多くの未開社会の観察がみいだしたのは、それとはほど遠く、それらの社会の多くが、最小の労働と最大の「余暇」のなかで自由に生きられる「豊かな社会」であることでした。つまり、かれらはいま必要以上のもののためには働きません。漁に川へでかけたら、シャケがぴちぴち捕獲してくれといわんばかりにひしめいていたとします。わたしたちは、もし未開社会の人がそれに遭遇したら、とにかく手当たり次第捕獲して、飢えにそなえるんじゃないか、とおもうでしょう。ところが、かれらの多くは、いま必要な量以上のものを捕獲しません。保存手段があろうがなかろうがそうなのです。これを「目標所得(target income)」といいます。つまり、利用可能な労働と使用可能な資源を最大限動員することはなく、客観的経済的可能性を過少利用しているのです(10)。

かれらの仕事は、たいてい典型的なタスク指向で「周期的激発性」をもっています。そしてそこでかれらは、資源を最小に活用し生存に必要な労働の時間を最小にしているのです。そしかれらは近代人の目からすると「怠惰」にみえました。しかしかれらは、すでに、かつてはじぶんたちもそうだったありようを見失った近代人の想像力の範囲の外に去っていたのです。

(1) E. P. Thompson, "Time, Work-Discipline, and Industrial Capitalism," Past & Present, 1967, No. 38, p.73.
(2) これについては、喜安朗『パリの聖月曜日』(岩波現代文庫、2008年)が参考になります。
(3) 文化史家のトム・ルッツは、1877年の『ニューヨーク・ヘラルド』紙に掲載された葉巻製造業者の嘆きをあげながら、この時代のアメリカの労働者の姿を浮き彫りにしています。「彼らはいつも『朝、作業場に降りて来ては、二、三本の葉巻をつくり、それから、酒場に行って、トランプやほかのゲームに興ずるのだ』。労働者たちはいつも、気が向くと戻ってきて、さらに数本の葉巻をつくり、それからまた酒場に行って、結局『一日におそらく二、三時間しか働いていない』(中略) 実際、ミルウォーキー州の葉巻職人たちは、一八八二年にストライキに入ったが、その目的は、いつでも工場長の許可なく工場を離れる権利を保持することだけだった。ここからわかるように、葉巻職人たちはいかにもアメリカらしい製造業労働者だった。彼らはフランクリンが推奨し、また産業経済が支援しつつ押しつけようとする、規律正しい労働習慣なるものを拒否した。十九世紀をとおして、産業家たちは労働者の怠惰と反抗とみなせるものを声高に訴えた」（小澤英実、篠儀直子訳『働かない――「怠けもの」と呼ばれた人たち』青土社、２００６年、１６８ページ）。

（４）しかし、またこうした心性に、ネオリベラリズムがつけこみ、雇用の不安定化を促進していきます。労働者を個人事業主にして、必要なとき使って、不要なとき使わないことができるわけです。こうした現代は、油断できない罠があちこちにひそんでいるのですね。

（５）この歴史的経過について、グレーバーはしばしば語っています。とくに「消費」という概念の変遷については、とりわけ、David Graeber, Possibilities: Essays on Hierarchy, Rebellion, and Desire, AK Press, 2007の第2章が重要です。また、Graeber, Revolutions in Reverse: Essays on Politics, Violence, Art, and Imagination, Autonomedia, 2011の第3章も参考になります。

（６）https://www.collinsdictionary.com/dictionary/english/make-work

（７）David Graeber and Loretta Ieng Tak Lou, "Bullshit Jobs: A Conversation with David Graeber," Made in China Journal (Jul. 4, 2019)(https://madeinchinajournal.com/2019/07/04/bullshit-jobs-a-conversation-with-david-graeber/)

（８）これについては、以下の重要な本があります。Marshall Sahlins, The Western Illusion of Human Nature: With Reflections on the Long History of Hierarchy, Equality and the Sublimation of Anarchy in the West, and Comparative Notes on Other Conceptions of the Human Condition, Prickly Paradigm Press, 2008

（９）２０１８年時点。https://www.jcp.or.jp/akahata/aik18/2018-06-03/2018060303_05_0.html

（10）Marshall Sahlins, Stone Age Economics, Aldine-Atherton, 1972（山内昶訳『石器時代の経済学』法政大学出版局、１９８４年）。

第5講　ネオリベラリズムと官僚制

ブルシット・ジョブとネオリベラリズム

ここでは、このＢＳＪ論をかこむ時代的・社会的文脈について、お話をしてみたいとおもいます。それはネオリベラリズム、そして官僚制です。

みなさんも、ネオリベラリズムって耳にしたことがあるでしょう。「新自由主義」といわれることもありますし、「ネオリベ」と略されることもあります。お役所仕事は不効率でありすぐにばらまきに走って赤字を生む。それを「民間」にまかせればうまくいく。「民間」は市場原理によって動いており、ムダや不効率は削減されるからだ、といった大筋ではそんな発想です。ある時期から、政治家が国公立大学はもちろん、足下のお役所になにか問題があれば、「そんな発想では民間では通用しない」と「民間」をそれこそ印籠のように掲げては、それにわたしたちをひれ伏せさせるといった光景まであらわれるようになりました。

このイデオロギーは、日本でも１９８０年代から浸透をはじめ、２０００年代に全面展開をみせるようになりました。１９８０年代には、日本では、「レーガン、サッチャー、中曽根」と当時のそれぞれ、アメリカ、イギリス、日本の大統領や首相が並べられ、ネオリベラリズムの急先鋒とされていました。かれらは「規制緩和」「自由化」そして「自己責任」といった言葉を掲げ、市場原理ないし「民間活力」の導入といった名目で、それまで国や自治体にゆだねられていた経営体や組織を解体し、再編成していきました。

ＢＳＪ論は、ある意味ではこの「ネオリベラリズム」現象に、独特の視角から照明をあてるものでもあります。実際、序章の終わりで、２０１３年の小論の意図をこうグレーバーは説明しています。「……その小論はまさに、当時のわたしが発展させていた一連の議論のひとつだったのである。レーガンとサッチャーの時代より世界を支配してきたネオリベラリズム（「自由市場」）のイデオロギーは、それが主張するものとは真逆のものであるという議論である。つまり、それは実際には、経済的プロジェクトに粉飾された政治的プロジェクトだったのである」（ＢＳＪ 13）。だから、小論ではその政治的含意を強調した、本のほうでは、もう少し体系的に展開するのだ、といっています(1)。

ＢＳＪ論を理解するためにひとつもっておかねばならない構図は、いま本当であれば――つまり技術的発展やそれによる「経済」の「生産性」の向上といった条件にのみ限定するならば――ケインズの予言はあたっていてもおかしくないはずだ、というものです。ということは、なにかそれを実現させない、外的制約がかかっているということです。

ネオリベラリズムの失敗と強化

ここで具体的イメージを提示してみたいとおもいます。

『スノーピアサー』というポン・ジュノ監督の作品があります（わたしは映画版ではなく、TVドラマ版しかみていないので、そちらを念頭においています）。気候変動の対策を放置しつづけてどうにもならなくなってパニックになったグローバル・エリートが、あせって誤った政策をおこなった結果、地球は人間が居住できなくなるほど寒冷化してしまっています。そのような状況を予想して、走行しているかぎりみずから永久に駆動しつづける——動きをやめれば熱を発生できなくなり寒冷に呑まれてしまいます——列車を開発したエンジニア兼経営者がいました（TVドラマ版ではトランプそっくりにえがかれています）。かれに巨額のお金を支払ったひと握りの人間、そしてかれらに奉仕する労働者、さらに出発直前に無理矢理乗車して最下層の奴隷状態におかれている少数の人々が、ひとつの社会を形成しています。ところが、この科学者たちの対応の誤りで一時的に寒冷化した世界でしたが、実はすでに温暖化がはじまっていて一部の科学者はそれをいちはやく察知します。そして、この永久列車の世界からの脱却の道筋をつけようと奮闘します。ところが、その世界を支配する人間は永久列車に人を依然として閉じ込め、支配したいために、その科学者たちの行動を妨害します。それは政治的ふるまいですよね。もし、その支配者が、みずからの行動を正当化する理論を与えたとします。それがイデオロギーといわれるものです。そして、それが「政治的プロジェクト」であるということの意味です。

ふつうネオリベラリズムは「経済的プロジェクト」とみなされています。それはむしろ、本来ならニュートラルなはずの市場原理に政府や労働組合の介入といった外的要因を導入したためにすべてが歪められてしまった、といつも宣伝しています。つまり「市場という魔法を解放し、ほかのいかなる諸価値にも優越する地位を経済効率に与える」というものです。日本でも「民間にまかせればうまくいく」といって、続々と「民間の論理」なるものが導入されました。それでうまくいっているところ、あるいはその論理が導入されたあかつきにはこうなると公言していた当初の約束を実現しているところがどれほどあるでしょうか。

これはより大きな世界でもおなじです。グレーバーはこういいます。「自由市場政策は、インドと中国を除いたすべての地域で例外なく経済成長率が著しく低下するという結果をもたらした。科学的、技術的な前進は停滞した。そして、豊かな国の大半では、数世紀ぶりに、若い世代がじぶんの親が送ったものよりも、貧しい暮らしを送ることしか期待できずにいる」。２００８年のリーマンショックは、このネオリベラリズムの正当性を担保する論理をすべて破綻させました。ところが、です。ふつうこうした失敗が長年つづくならば、その理論の正当性はそこなわれ、別の道が模索されるはずです。しかし、そうなっていません。それどころか、その失敗した方策を、その失敗の対応としてさらに強化して押しつけていくという、どうにもならない袋小路にわたしたちは突き当たっています。一体なぜでしょうか。

日本の「大学改革」と「新自由主義」

そのためのひとつの糸口として、ここではやはり典型的なネオリベラリズムによる政策がどう展開するのかの一例である「大学改革」、とくに日本の「大学改革」をとりあげてみたいとおもいます。

まずここで、ネオリベラリズムとはなにか、ひとつのよくある誤解とおもわれる考えを検討しながら、若干の規定をしてみたいとおもいます。そのひとつの典型が、教育学者の苅谷剛彦さんによる「『大学性悪説』による問題構築という〈問題〉」というテキストにみられるようにおもいます。

このテキストは、日本の大学改革について、それが「大学性悪説」というイデオロギーとともに「問題」としてでっちあげられるさまを分析したもので、その点はとても有益なものです。ただし、気になるのは、そこで、イギリスの「ネオリベラリズム」と日本の「新自由主義」とが対照され、日本の「新自由主義」が、その本家「ネオリベラリズム」のまがいものであると断じられる点です。

……臨教審以後の教育政策が、通常理解されている英語の概念としてのneo-liberalism（以下、カタカナ表記。日本語での「新自由主義」と区別する）とは似て非なるものであることがわかる。両者の間に、規制緩和や市場原理の導入、あるいは自己責任の強調といった点で類似性を認めることはできる。ただし注意しなければならないのは、日本の場合、キャッチアップ型近代化を主導してきた、規制国家（あるいは開発国家）の統制を弱めることが、規制緩和を意味した点である(2)

「規制緩和」や「市場原理の導入」「自己責任の強調」は、ネオリベラリズムという思想のもっとも目立つ柱です。それは、日本でもおなじである、と、ここではいわれます。ところが、そこからがちがう。そこでは「ネオリベラリズム」が「福祉国家の解体」としてまず定義され、そのうえで日本については、こう語られます。日本は、ネオリベラリズム改革以前には、福祉国家の成立する以前の「開発国家」段階にあった、だから、それは正統的ネオリベラリズムとはいえない、だからそれは「新自由主義」なのだ、と。

この議論には重要な論点がふくまれています。つまり、福祉国家理念による「肥大化した」公教育予算が削減されているのではなく、もともと福祉国家にいたらないままで公教育への予算も低劣であるのに、さらに改革言説がそれを解体させている。ネオリベラルのレトリックを用い、あたかも肥大化しているから削減が必要であるかのようにいう、このような欺瞞への批判がひそんでいます。これは日本における公教育予算の低劣さの問題と「ネオリベラリズム」のレトリックへの批判としては重要な指摘です。

ネオリベラリズムの理念史

しかし、「ネオリベラリズム」研究の文脈で、このような議論に説得力を感じることはむずかしいのです。そもそも（ここで問題になっているいわばアメリカ型の）ネオリベラリズムが1970年代に世界ではじめて大規模な統治実践として実験に移されたのは、南米のチリでした。チリがそのとき先進国型の「福祉国家」であったわけではありません。だからといってそれが「ネオリベラリズム」ではない（「ネオリベラリスモ」と呼ばなければならないとか）とする議論を、少なくともわたしはみたことがありません。つまり、ネオリベラリズムは必ずしも「福祉国家」の解体を狙っているわけではないのです。それとおなじく、ネオリベラリズムは第三世界でこそもっとも猛威をふるい、もともと脆弱な社会的基盤をさらに解体していきました。それにそもそも、ネオリベラリズムへの対抗を世界的な民衆運動の結集軸として呼びかけたのが、NAFTA（北米自由貿易協定）に反対して立ち上がった1994年のメキシコでの先住民蜂起だったことも忘れてはなりません。このメキシコのチアパスにおける先住民蜂起こそ、はじめて「ネオリベラリズム」を対決すべき世界的（今風でいえばプラネタリーな）課題として世界に知らしめ、ネオリベラリズムに対抗する国際的民衆運動――オルタ・グローバリゼーション運動とかグローバル・ジャスティス運動といわれるものです――から批判的研究までの現在にいたる進展も促したのです。

さらに「ネオリベラリズム」の理念史をとりあげてみるならば、ネオリベラリズムが20世紀型「福祉国家」成立以前から存在する教義であることも、忘れてはなりません。それは、20世紀初頭の資本主義と19世紀リベラリズムの危機の渦中での革命の台頭に対するエリートたちの危機感のあらわれであり、社会民主主義をふくめた反資本主義勢力ないし修正資本主義勢力に対する反動だったのです。

近年のネオリベラリズム研究は、このような歴史的文脈とその知的・実践的ネットワークの世界的広がりを強調してきました(3)。そして、その状況に応じた可塑性や適応力に焦点がむけられてきました。

見失われるネオリベラリズムへの抵抗

こうしたネオリベラリズム研究からすると、ここでの日本における新自由主義はネオリベラリズムではないとする議論は成立がむずかしいのです。

それだけではありません。「ネオリベラリズム」と「新自由主義」を分割してしまうことは、以下のような問題をはらんでいます。

まず、それはなにかしらのありうべき（まだマシな）「ネオリベラリズム」の存在を想定してしまい、その中核的メカニズムの分析が掘り下げられないことです。つぎに、世界で生じているネオリベラリズムへの抵抗との共鳴が見失われてしまうところです。つまり、問題が日本国内に内閉化し、ネオリベラリズムに抗する、あるいは少なくとも相対化するために必須の連帯感覚を喪失してしまうことです。要するに、わたしたちはいま、世界の人たちとおなじ状況のなかにあり、おなじ苦境をともにしているという感覚です。「分断」という言葉は最近よく使われますが、とても警戒の必要な言葉だとわたしは感じています。それが、本来は分断されていないのに、特定の政治勢力が差別を煽って分断している、本来の一体感を取り戻そう、というようなニュアンスを帯びてしまうなら、そこでの本来の一体感というのは、ほとんどが「国民」に、あるいはせいぜいひとつの国家の住民に閉じられています。しかし、ネオリベラリズムはグローバルな展開のなかでさまざまな差異につけこみ、それを利用します。移民の問題のうちに、それはよくあらわれます。また、そもそも資本主義それ自体がこのようなグローバルな規模で「分断」を活用してきました。移民はつねに低廉な労働力として劣悪な労働環境のもとで活用され、本国の労働者と競争させられました。そのとき、かれらの連帯を妨げ、こうしたかたちでの低劣な労働条件での移民の雇用を可能にするのがナショナリズムでありレイシズムです。そしてそれによって、本国の労働者の賃金も低く抑え、かつ労働条件を不安定にさせることが可能になるのです。だからこそ、かつて、労働運動は「国際連帯」が必須であると考えていたのです。個々の地域や個々の社会の環境でもちろん、さまざまなちがいはある。しかし、基本的にはみんなおなじシステムのなかで、おなじ苦しみをもち、おなじ課題を共有しているという感覚に足場をおき、さらにその感覚を養っていくことが課題だったのです。その状況は変わらないどころか、気候変動をもたらすエコロジー危機のなかでより切迫しています。

世界中で酷似しているBSJ現象

ＢＳＪ論も、日本社会にそれがどのような意味をもつのか、ということは当然、問われるとおもいます。おそらく、これからそれは、調査などによってあきらかにされていくでしょう。日本についての独立の考察も必要ではないかと最初にはおもいましたが、しかし日本での反応をみていくうちに、それを性急にやるよりもまず、やるべきことがある、と痛感しました。というのも、そもそもBSJの宇宙の存在を捉え、えがきだすことを可能にしている理論的かまえや歴史認識、さらにはこの分析の作業の土台にある世界の人々のおびただしい経験を十分に汲み取らないで、さあ日本はどうだという感じであわててしまうと、そこにみいださねばならない多くのことが犠牲になるとおもわれるからです。それに、『ブルシット・ジョブ』の反響がここまであったということは、たとえイギリスやオランダとおなじような数字として結果に表現されなくても、この現象のなにがしかは日本にも深く作用しているると、最小限いえるとおもいます。

それ以上にここで強調しておきたいのは、訳語でも苦労を強いられたような、さまざまな企業慣行や組織編成の差異などがあるにもかかわらず、そこにみられる、おどろくほどの類似です。

まず、先ほども述べたように、BSJには「あざむき」の次元がつきまとうという点です。そこであげられた多数の人の報告には、その微妙な空気の読みあいとそれがまねく疲弊が告げられています。わたし自身、日本の文化は「空気の文化」であるという「常識」には、妥当な部分がないわけではないけれども、しかしそれ以上に誤解を招きやすいと感じていました。というのも、それこそたとえば欧米の映画やTVドラマをみていると、「気まずい」とか「つい失言をした」、だれかが一人だけ「浮いている」といった空気感を微妙な間や表情で表現する場面が、日本の現代のそれら（みずからの気持ちをしばしば絶叫して表現する）より、量的にもはるかに多く、質的にもすぐれたかたちであらわれるのです。逆に、もしなにも予備知識のない、どちらの文化にも属さない人間が、おなじ現代のＴＶドラマをみて、こうした登場人物の表現だけで比較してみたら、もしかすると日本社会では「空気を読む」という作法が乏しいのではないか、と感じるかもしれません。

「日本は特別」なのか

ここからいえるのは、少なくとも「空気を読む」のが日本独特であると考えすぎるのは禁物だということです（その裏にはまた「日本人は繊細である」というある種の独善性も透けてみえることが多々あります）。それとおなじく、ＢＳＪ論では、労働のための労働、モラルとしての労働、そして苦痛がなければ労働ではないといった倒錯が、北部ヨーロッパから生まれ、ＢＳＪの増殖の文脈となっているとされています。こうした倒錯も、日本にかなり独特のものとみなされていますが、『ブルシット・ジョブ』を読むとけっしてそうではないことがわかります。もちろん、こうしたモラルの倒錯性について、日本がなにか根深いものをもっていることはいえるとはおもいます。しかし、まずは、「日本は特別」という観念が、それを批判する側にすら過剰に浸透しているのではないか、とうたがったほうがいいとおもいます。

そもそも、こうしたじぶんたちは特殊ではないか、ということを感じていることそのものが日本だけのものではありません。中国における労働運動のウェブマガジンが、こんなふうにグレーバーに聞いているからです。「中国の人々の多数にとって、犠牲を払って家族を養うことは、より広い社会的利益に貢献することとおなじくらい重要なことです。どうおもいますか」。これに対して、グレーバーはつぎのように応じています。

中国での話は、わたしがヨーロッパやアメリカで経験したことと大きく異なる点はありません。有給雇用、とくに賃労働は、長いあいだ、ライフサイクル現象の一部と考えられてきました。それは、大人になるための方法を学ぶやり方であり、そしてまた実際に家族の面倒をみられる大人になるための手段を身につけることだったのです。じぶんの仕事は無意味だという人に話を聞いても、ほとんどの場合、家族のため、あるいは将来の家族のためにやっているという答えが返ってくるでしょう。しかし、同時に、子どもたちに快適さや機会を確保する唯一の方法が、一日に100回も穴を掘って埋めることだと知って、それによって少しもおかしくならない人は、世界にはいないとおもいます(4)

おそらく、これはのちにみる人類社会の「基盤的次元」へのグレーバーというより人類学の確信に由来するのではないか、ともおもわれますが。

官僚制という問題

さて、このありうべき（まだましな）「ネオリベラリズム」という発想がどのようなことをみえなくさせるかについて、ひとつの視角をここで提出したいとおもいます。それは官僚制、官僚主義という問題の視角です。

ネオリベラリズム改革という視角から日本のこうした現象をみるときに、官僚制というフレームからそれを把握するというものはあまりみません。というのも、ネオリベラリズムは官僚制と敵対的である、あるいは少なくともネオリベラリズムの促進する市場原理は官僚制とは相容れないという強固な常識が存在しているからです。

ところが、実態としては、日本において大学改革で問題視されていることのほとんどは官僚制の問題です。上からの統制、管理の強化、ペーパーワークの増大、そして忖度、服従と面従腹背などです。そして、これは世界でも変わるところはありません。ところが、ネオリベラリズムがそれを促進しているところのリベラリズム総体に共通する「常識」、すなわち市場と官僚（そして国家）を対立したものとみなす常識が根深いと、このような市場原理が許容しないような現象、すなわち効率性とはかけ離れた手段の目的化といった「倒錯」の現象が、「市場原理主義」を掲げるネオリベラリズムのもとでは「本来ありえないはず」となり、その延長上でそれが日本独特の問題のようにみえてしまうのです。

アメリカと日本の「シラバス」

この点で興味深い議論を、社会学者の佐藤郁哉さんがシラバスについておこなっておられます(5)。

日本におけるシラバスの導入は、それこそ1980年代からはじまるネオリベラリズム改革の教育分野におけるひとつの帰結である1991年の大学設置基準の「大綱化」からはじまっています。大学審議会の提示した大綱をもとに、文部・文科省が授業改善の目玉のひとつとしてあげたのが「シラバス」だったのです。

それから「シラバス」は急速に普及していきますが、佐藤さんは日本におけるそれを、もともとモデルとしたはずの米国版 syllabus とは似ても似つかない「和風シラバス」であるといわれています。

基本的に、アメリカにおいて「シラバス」とは、個別の教員と学生との契約であって、であるがゆえにフォーマットも多様です。ところが、日本では、シラバスといえば、画一的なフォーマットに統一され、当該教員の講義や演習スタイルの実態にはまったくそぐわないものになってしまったのです。

わたしたちもそれは心から実感するところです。シラバスではその都度の授業内容を具体的に書かねばなりませんが、少なくとも多くの文系の授業は、状況に応じて変化するものであり、あらかじめ定められません。さらに予習時間の指定など、とりわけ日本のように講義科目の多い状況においてはほとんど無意味です。こうした項目が多岐にわたるのです。佐藤さんは、それを「シラバスもどき」であるといいます。たしかに、これはまったくそうなのだとおもいます。


しかし、ここでは少し視点を変えてみたいのです。

先端的経営理念による「効率化」

図1は、『ブルシット・ジョブ』の第七章にあらわれる「シラバス」の作成手順をあらわしたものです（BSJ　339）。わたしはこれが最初に目に飛び込んできたときおもわず万歳をしたくなったのですが、グレーバーらしく、なかば誇張であり、もっともらしい体裁で痛烈な皮肉をふくんだ図だとはおもいます。

説明すると、下はとかく「非効率」を槍玉にあげられがちな伝統的大学（文学部）です。上

図1　講義概要／シラバスの作成

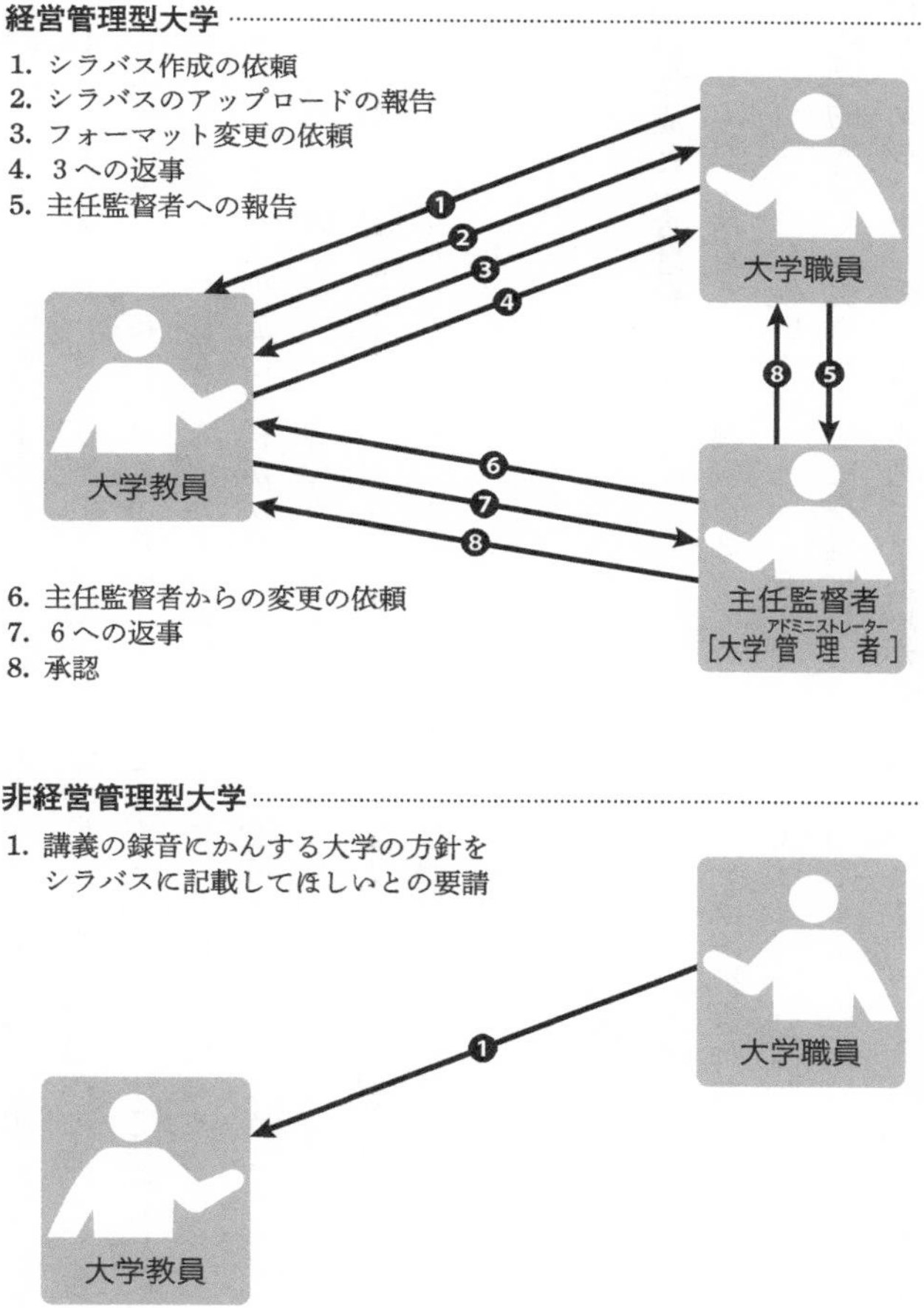

『ブルシット・ジョブ』の「図6−1・2」をもとに作成

は先端的経営をうたう、まさにネオリベラル改革の先頭をひた走る大学です。シラバス作成にかんして「非効率」なはずの伝統的大学では、大学職員から大学教員への通知ひとつでことはすんでいます。じつに「スリム」なのです。ところが先端的経営による効率性をうたう大学では、管理チェックの過程などがあいだにはさまって、異様に複雑なものになっています。つまり、シラバス作成の過程がかつては、2部門のやりとりによってかんたんに終わっているのに対し、改革をへたあとのシラバス作成の過程では、官僚制的な手続きが肥大していいます。そしてそれに付随して、わたしたちにとっては不条理なまでの意味のわからない「雑務」（非BSJのブルシット化）と、さらにその増殖した仕事などを請け負うあたらしいポストが生まれている（BSJの創出）のです。そして、それをわたしたちは、先端的経営理念による「効率化」と呼んでいる、というか呼ばされているのです。

入試問題作成と「合理化の不条理」

またグレーバーはもうひとつ事例をあげています。入試の試験問題作成です（図2、BSJ 340）。それまでの伝統的大学ではかんたんなやりとりですんでいたものが、効率化されたはずの先端的大学では異常なまでに複雑化しています。わたしたち教員の多数の体感にもこの図はまさにぴったり即しているのではないか、とおもいます。たとえば問題作成から作成

図2　試験問題作成

経営管理型大学

1. 問題冊子表紙の注意事項についての要請
2. 問題冊子の表紙の提出
3. 試験問題作成依頼
4. 作成した問題の提出
5. フォーマット変更の要請
6. 5への返事
7. 経理責任者への報告
8. 予算超過を回避するための変更の要請

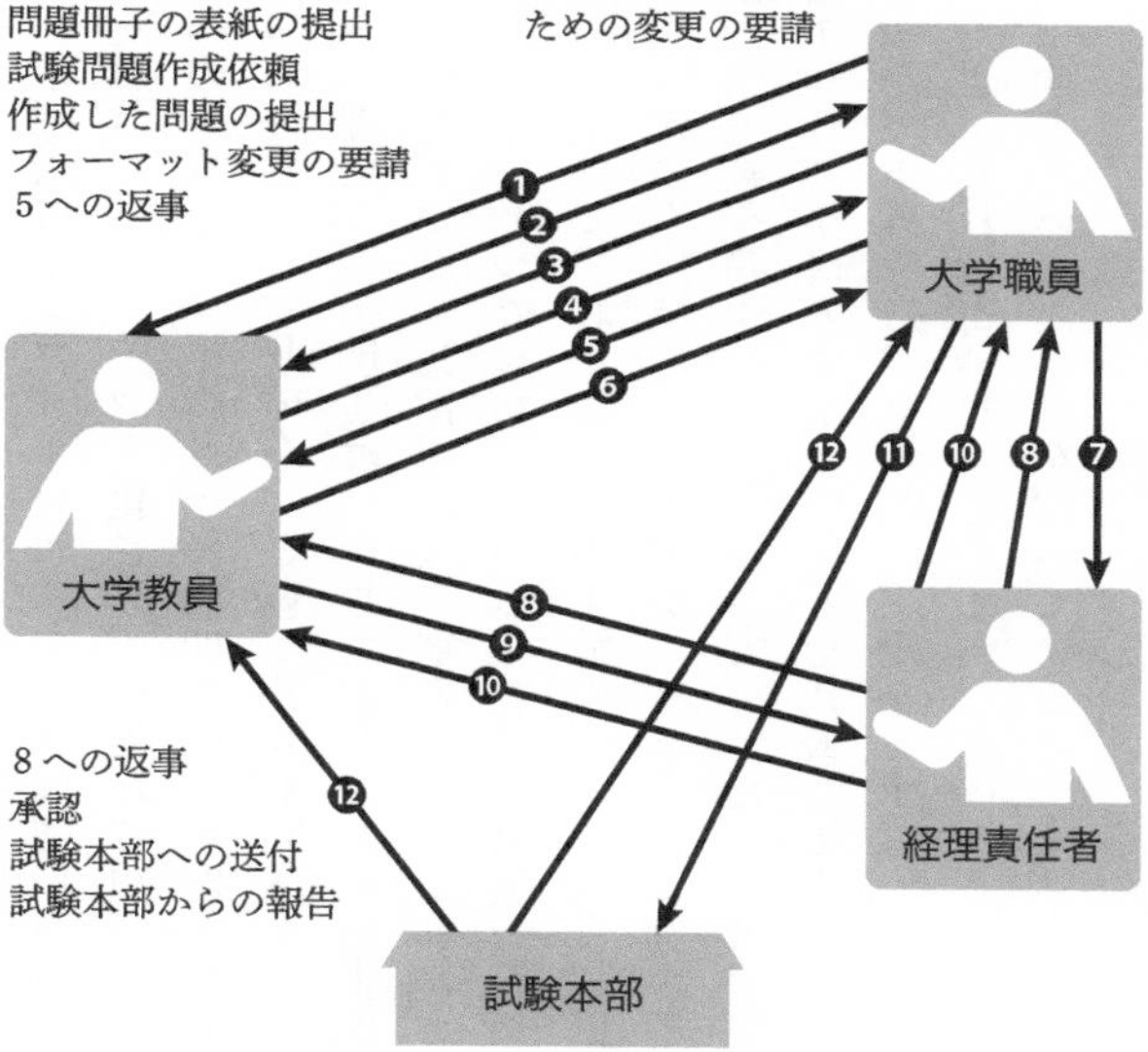

9. 8への返事
10. 承認
11. 試験本部への送付
12. 試験本部からの報告

非経営管理型大学

1. 試験問題の印刷のチューター［ティーチング・アシスタント］への依頼
2. 印刷の終わった報告

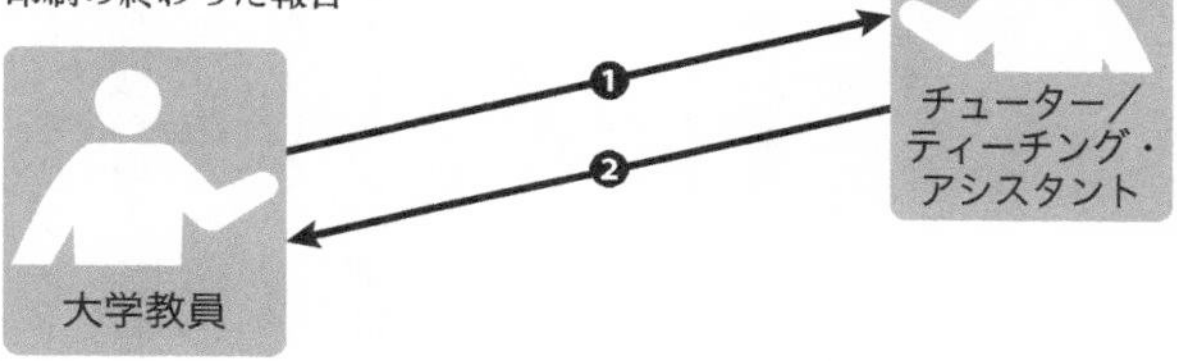

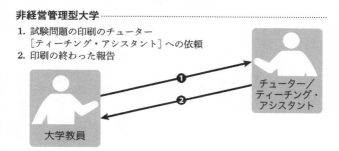

『ブルシット・ジョブ』の「図6−3・4」をもとに作成

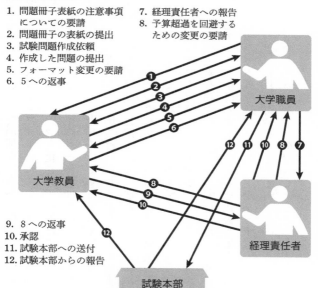

した問題の事務への提出、その保管、さらに整理、採点など、かつてはかなりが現場におけ る「あうん」の呼吸でインフォーマルにすまされていた過程のほとんどすべてがフォーマル化され、したがってフォーマット化され、複雑な二重三重のチェックの契機が導入されました。そのためのペーパーワークも年々増加の一途をたどっています。チェックのチェックがそのうちあらわれるんじゃないか、という冗談も冗談ですまなくなってきました。

こうした「合理化の不条理」は、かねてよりカフカ的現象、つまり肥大した官僚制特有の不条理といわれたもので、20世紀には文学の一大ジャンルともなりましたし、社会科学でも主要なトピックのひとつでした。しかし、この官僚制的不条理はむしろ、現代こそ本当におそるべきものになって、わたしたちの生活のすみずみまで拡散していっているものです。

ところが、現代の不思議な現象ですが、それと反比例するかのように、わたしたちは官僚制あるいは官僚主義を問題にしなくなっていったのです。実際、官僚主義があれほど問題にされていた1960年代の生活といまとを比較してみましょう。いまと比較すればとんでもなくゆるかったであろうし、官僚制的手続きにすら、わたしたちの裁量の余地があちこちにあったはずです。これは奇妙なことですが、このような実態と意識の乖離が、ますます官僚制化を深刻化するといった事態を招いているのです。

「全面的官僚制化」という現象

グレーバーは、このように社会が全面的に官僚制的論理に貫徹されていく事態を「全面的官僚制化（total bureaucratization）」と呼んでいます。わたしたちにはなじみぶかいはずのこの現象がそれとわかりにくくなっているのは、ひとつには、この官僚制の全面化が、反官僚主義的レトリックをまといながら進行しているからです。

たとえば、大学にもPDCAサイクルのような「ニュー・パブリック・マネジメント」と総称されることもある企業管理や経営の手法が導入されています。それがまた官僚制的手続きを増殖させています。しかし、それが「民間部門」で主要に形成されてきたものであるため、実際には官僚制的手続きであることがみえにくくなっているのです。しかし20世紀にマックス・ヴェーバーが官僚制の拡大深化を観察したとき、かれがみていたのは独占化をすすめていく資本主義のもとでの国家と私企業の双方における官僚制の展開と相互浸透でした。現在起きているのは、かつての国家の領分であった官僚制と企業の領分であった官僚制とがその時代とは別のかたちで融合しながら、社会のうちに全域化しているといった事態です（これについて、日本でいまもっともイメージしやすいのは巨大広告代理店と政府――国家――の関係でしょうか）。それが、ここでの「全面的官僚制化」の意味です。

「数量化しえないものを数量化しようとする欲望」の正体

先ほどあげたシラバスのような不条理なまでの官僚主義化は、実は、市場原理と相反しているどころか、市場原理の貫徹とむすびついているのです。

グレーバーによれば、それは「数量化しえないものを数量化しようとする欲望」の帰結です。その欲望は資本主義そのものが促進したともいえますが、それをここまで拡大させているのはネオリベラリズムです。というのも、ネオリベラリズムとはなによりも競争構造の導入によって特徴づけられるからです。

ネオリベラリズム研究は、おおまかにマルクス系の研究とミシェル・フーコー系の研究にわけられます。ここでの文脈で役に立つのはこのフーコー系の研究です。かれらはネオリベラリズムを特定の資本主義の段階に対応したイデオロギーとするマルクス派に対して、ネオリベラリズムあるいはリベラリズム総体をひとつの統治の技術であり統治的合理性であるとみなします。それは、人々とモノなどからなる集合体を、どこまで自由にまかせ、どこで介入し、どこでどう統御すべきなのか、という問いに応じるひとつの知の体系なのです(6)。

こうした観点からみたときに、さまざまなタイプのネオリベラリズムと古典リベラリズムを分かつひとつの重大な差異は、市場の概念にあるとされます。かんたんにいうと、古典リベラリズムにおいて、人間は交換する存在でしたが、ネオリベラリズムにおいては競争する存在となるのです。ミシェル・フーコーは古典リベラリズムと区別された固有の意味でのネオリベラリズムの統治術が生まれるためには、市場経済とレッセフェール（自由放任主義）政策のあいだの連結が解除されねばならない、そしてその解除を可能にするために市場における競争という契機が中核に据えられる必要があるといいました。その競争は市場にゆだねて放置しておけば、自然にわきあがるものではありません。

競争は、原始的で自然的な所与では全くないものとして、つまり、いわば社会の本源、社会の基礎にあって、表面に上って来させて再発見するだけでよいようなものでは全くないものとして現れました。競争とはそのようなものではなく、諸々の形式的属性を備えた一つの構造であり、競争構造のそうした形式的属性こそが、価格のメカニズムによる経済の調整を保証するもの、保証可能にするものである、とされたのでした。したがって、競争が確かに、その内的構造において厳密なものであると同時にその歴史的で現実的な存在においては脆弱なものであるような形式的構造であるとすれば、自由主義政策の問題はまさしく、競争の形式的構造が作用可能となるような具体的な現実空間を実際に整備することでした。レッセフェールなしの市場経済、つまり、統制経済なしの能動的政策。したがってネオリベラリズムは、レッセフェールの徴のもとにではなく、逆に、

警戒、能動性、恒久的介入といった徴のもとに置かれることになるのです［強調引用者］(7)

つまり、競争は市場から生まれるのではなく、積極的に国家によって、ときにはその強制によって、環境として構築されなければならないのです。したがってネオリベラルの政策はいたるところに競争環境を人為的に構築し、その競争を保証するよう作動します。そのための障害である労働組合は、もちろん解体されねばなりません。あるいは、競争を促進する仲介役へと機能転換しなければなりません。このような競争環境が自由の増大などとは無関係であるどころか、真逆であることをわたしたちは経験しています。民間企業はもちろん、大学であれ、行政組織であれ、競争力をつけよということがつねに喧伝され、組織としても個人としても競争にさらされることが健全化を促すとみなされます。ところが、それによって、わたしたちは日々、評価にさらされ、監視され、それればかりでなく、業績報告、自己評価、点検といったかたちでみずからその評価過程に参加させられ、ペーパーワークのはてしない増大に対応をせまられています。その競争環境が、いかに人為的に大量の装置の配備でもって構築されているか、身をもって了解しているのです。

そしてネオリベラリズムはこの競争構造を社会のほとんどあらゆる領域に導入しようとするのです。「私有化［民営化］」とはこの努力のことを意味します。そしてそれによって、ほとんど社会総体を市場のイメージによって再構築しようとするのです。ネオリベラリズムが「レッセフェール」ではなく、きわめて人為的で構築的であり、国家の介入も否定しないのはそのためです。実際、先ほどみたように、ネオリベラリズムが思想運動から統治実践へと移行する最初の実験場となったチリでは、その理念は、クーデターと独裁的国家の運営をバックにしながら構築されました。それ以降、ネオリベラリズムの浸透はつねに国家の破壊的作用と構築的作用をともなっています。

競争構造を導入するためには、すべてを比較対照させねばなりません。したがって、数量化しなければなりません。これがネオリベラリズム特有の「会計文化」、そして格付け機関の増殖、「格付け文化」の蔓延とむすびついています。

あとはわたしたちが良く知る風景です。業績、学内業務、社会貢献、など。すべてをポイント化するためのペーパーワークです。

ネオリベラリズムこそがBSJの増殖を促進している

マルセル・モース以来の人類学は、「各人は能力に応じて、各人には必要に応じて」という有名な19世紀のコミュニズムにかかわる定式を、未来に実現すべき社会の原理ではなく、あらゆる人類社会の基礎部分でつねにすでに動いている、そしてこれなしにはどんな社会もありえない基盤的論理であるとみなしてきました。グレーバーはこの洞察を『負債論』において全面的に展開しつつ「基盤的コミュニズム」という概念を与えました。これはまさに「数量化を差し控える」論理です。オレはこれだけ働いたからこれだけいただく権利がある、だれだれよりもエラいといいたくなる欲望を差し控えるモラルでもあります。この論理がもっともみえやすいのは家族や親しい友人のあいだです。労働組合のそもそもの機能もこうした「能力」や「生産性」の数量化によって分断されることを阻止することにひとつはありました。ネオリベラリズムがなぜかくも労働組合を敵視するかというと、まさにその論理こそが解体すべき敵だからです。

その基盤となる領域は、たいていケアとか感情、愛情、連帯といった論理で作動しています。それは社会的関係や人間そのものの生産にかかわっています。この基盤的領域そのものが数量化されるとき、先述したケン・ローチ監督の映画にみられるような、失業者にその保障ひとつ付与するにも、とことん屈辱を与え、最終的にはその取得の権利を断念させることを目標としたとしかおもえないような官僚主義的手続きのハードルが築かれるのです。

要するに、ネオリベラリズムは官僚制と背反するどころか、むしろ官僚制化を招くものであって、その現象は海外も日本も変わるところがないのです。

大学改革について、改革がその成果をむすばないまま、改革そのものを目的としたかのように延々とつづいていく「慢性改革病」といわれる現象(8)も、日本独特というよりも、ネオリベラルな市場構造の拡張への国家の関与が官僚制の肥大としてあらわれている世界で進行している過程のひとつの表現であるとみるべきです。

---

(1) 政治的プロジェクトとしてのネオリベラリズムという視点は、近年のネオリベラリズム論が収斂していくひとつの小括のようにおもわれます。たとえば、"Neoliberalism Is a Political Project: An interview with David Harvey," Jacobin (Jul. 23, 2016)(https://www.jacobinmag.com/2016/07/david-harvey-neoliberalism-capitalism-labor-crisis-resistance/)。この視点についての近年の議論については、拙著『[完全版] 自由論』(河出文庫、２０１９年)を参照のこと。

(2) 苅谷剛彦「『大学性悪説』による問題構築という〈問題〉」佐藤郁哉編著『50年目の「大学解体」20年後の大学再生　高等教育政策をめぐる知の貧困を越えて』京都大学学術出版会、２０１８年、81ページ。

(3) とりわけ以下は画期的でした。Philip Mirowski and Dieter Plehwe (eds), The Road from Mont Pèlerin: The Making of the Neoliberal Thought Collective, Harvard University Press, 2009

(4) David Graeber and Loretta Ieng Tak Lou, "Bullshit Jobs: A Conversation with David Graeber," Made in China Journal (Jul. 4, 2019)(https://madeinchinajournal.com/2019/07/04/bullshit-jobs-a-conversation-with-david-graeber/)

(5) 佐藤郁哉『大学改革の迷走』(ちくま新書、２０１９年)の第一章をみよ。

(6) このあたりの議論については、拙著『[完全版] 自由論』を参照。

(7) Michel Foucault, La Naissance de la biopolitique: Cours au Collège de France 1978-1979, Seuil/Gallimard, 2004, p.137 (慎改康之訳『生政治の誕生――コレージュ・ド・フランス講義１９７８－１９７９年度』筑摩書房、２００８年、１６４ページ)

(8) 佐藤郁哉、前掲書、２１７～２１８ページ。

第6講　ブルシット・ジョブが増殖する構造

さて、ここではBSJ増殖の原因を考えます。とはいえ、強調しておきたいのは、たとえば、資本主義がBSJを生んだ、とか支配層がBSJを構想してそれを流布したというような、強い因果関係が設定されているのではないという点です。おおまかにいえば「いろんな偶然が重なっているなかでいろんな力がうごめき、バトルや試行錯誤がくり返されながら、ある方向に流れていく」。陰謀論がまちがっているのは、だれかが世界を好きなように動かしているわけではないからです。そのように世界は単純に動くわけではありません。でも同時に、陰謀論がある意味正しいのは、あちこちで偶然に起きた出来事を「これは都合がいいや」と取捨選択する意志はあるからなのです。20世紀後半にニーチェの影響のもとに発展した権力分析は、バトルがくり返される「現実」というアリーナで、特定の支配への意志がどのように意味や価値観を生みだしながらみずからを貫徹するかを考える、いわば「偶発的因果性」の議論を発展させました。グレーバーのここでの議論も、おおよそそうしたレベルのものであると考えてください。

それをふまえたうえで、ここではまず「経営封建制（managerial feudalism）」というキーワードをとりあげます。

この概念だけでなく、『ブルシット・ジョブ』では封建制にかかわる概念やイメージが奔放に利用されています。どういうことでしょうか？　グローバリゼーションとともに、かつてよく「中世への回帰」ということがいわれました（主権国家が相対的に衰弱して、それ以外のアクター――巨大超国籍企業、国際官僚機構とかNGOなどです――がそれに匹敵する力をもって並列をはじめた、といった意味です）。それとおなじようなことがいわれているのでしょうか？　あるいは、わたしたちの社会が退化しているということをいっているのでしょうか？

グレーバーが経営封建制とかそれ以外の封建制のイメージを使用するとき、それは実は概念的に厳密な意味をもっています。そのような厳密な定義をふまえ、かれはある程度の理論的裏づけをもってBSJの増殖と封建制的要素を関連づけているのです。

封建制でいうと、まずBSJの第一類型の「取り巻き《フランキー》」があきらかに封建制のイメージでしたよね。この分類は「封建的家臣」といいかえてもいいといってました。とにかく、歴史を通して、権力者とか富裕者というものは、じぶんを取り巻きでかこみたがるものでした。みずからのその力を誇示したいとき、威厳を示したいとき、人はまわりに飾りのような者をはべらせます。たいていは具体的な仕事をもっている奉公人だったりするわけですが、ただ突っ立ってそれこそ「映え」のためだけにいる人間もいます。いずれにしても、「本当に肝心だったこととは、きらびやかな制服をまとわせた見栄えする若者たちを召し抱えることにほかならなかった」。古代の権力者の墓を発掘すると、そこに人身御供がともに埋葬されているのが発見されることがよくあります。生身の人間でない場合は、人間や動物の模造がいっしょに葬られています。そこまで権力と「取り巻き」とは不可分であるのです。そういえば「トロフィーワイフ」なんていう言葉も、富や権力を手中にした男性がその「取り巻き」として妻をうるということを意味しています。「こうした役目は、レント［ひとまず地代と考えてください］の徴収と掠奪品の再分配に基盤をおいた経済においては増殖する傾向にある」と、すでにグレーバーは第二章でこうコメントしています。これがとくに第五章で展開されるのです。いま少し先走っていっておくと、いまの資本主義は「レントの徴収と略奪品の再分配に基盤をおく」、だから封建制と似ているのだ、といいたいのです。

ここでグレーバーはヨーロッパ中世社会をあげて思考実験をしています。それを少しトレースしてみます。

あなたが、荒々しい中世社会に生きているとしましょう。そこで、あなたはちょっとした土地をあなたの君主から預かって支配している領主です。「五公五民」がこの時代のおおよその平均で、すべての農民世帯から生産物の50％を年貢として徴収しています。あなたのもとには相当の量の食糧の蓄えがあります。農民全員を食わせていくことのできる量なわけですから。あなたは、それをなにかに使わなければなりません。といっても、料理人とか酒造り、音楽家や演芸師、刀鍛冶、医者などのように、とにかく必要であろう仕事をさせる人間を雇います。そして、強大な兵力をもつ油断のならない寺社勢力や隣国の動きを牽制して、かついざというときに戦争するために、男たちに武器を与え配下として訓練させます。しかし、それでもまだ膨大な食糧が余っています。食糧があるがゆえに、あなたの屋敷のまわりには、貧者や逃亡者、孤児、犯罪者、病で家を追い出された女性などなどの根無し草的群衆がほどこしをもとめて集まってきます。追っ払ってもいいのですが、そうすると騒動の種になるかもしれないし、敵対勢力とつながって痛い目にあうかもしれない。とすると、あなたはどうするか。その人間たちになにかじぶんの配下にあることを示すちゃんとした着物を着せ、どうでもいい仕事を割り当てます。そうすると、かれらを管理することもできるし、いっぽうで、じぶんがよい領主にもみえるのです。

こう考えると、もう少し具体的イメージがわくかもしれません。たとえば、ラテンアメリカの植民地の大土地所有者は大規模プランテーションを経営していました。そしてたいてい、不在地主でした。だから、その経営管理には人手がいります。しかるに、植民地には本国で食いつめた犯罪者まがい、あるいはほんものの犯罪者たちがうようよしていました。プランテーション経営者は、かれらを奴隷の管理人として雇いました。もちろん、日本にも似たような事例がみられます。秩序の外の人たち、すなわち放浪者や犯罪者、追放された異端者などを管理者、つまり秩序の番人にするという発想は、権力者にとっては一挙両得のおいつきやすい方法なのですね。

管理にかかわる仕事が増大中

もうひとつ、「経営封建制（managerial feudalism）」というときの、feudalismについた形容詞managerialについて少しここでどうしても確認しておかねばなりません。第五章では、professional -managerial classesという概念が少しでてきます。「専門的管理者階級」です。1970年代にジョン・エーレンライクとバーバラ・エーレンライクといった理論家によって提起された概念です。かれらによれば、この階級は、プロレタリアでもなければブルジョアでもなく、マネジメントのスキルによって生産過程を統制する、資本主義内部でのひとつの社会階級であり、非プロレタリア的な被雇用者です。たいてい大卒で資格をもっていたりします。現代においては、こうした中間的管理職階級が増大しているという観察をしていました。ある意味で、BSJ論は、こうした1970年代に観察されはじめた現象を、BSJ

の増大として位置づけ直したともいえます。

ここでは managerial は管理者ないし管理職という日本語をあてています。とすると、managerial feudalism も管理者封建制、ないし管理職封建制でもよかったかもしれません(1)。

図3　経済の構成要素としての情報

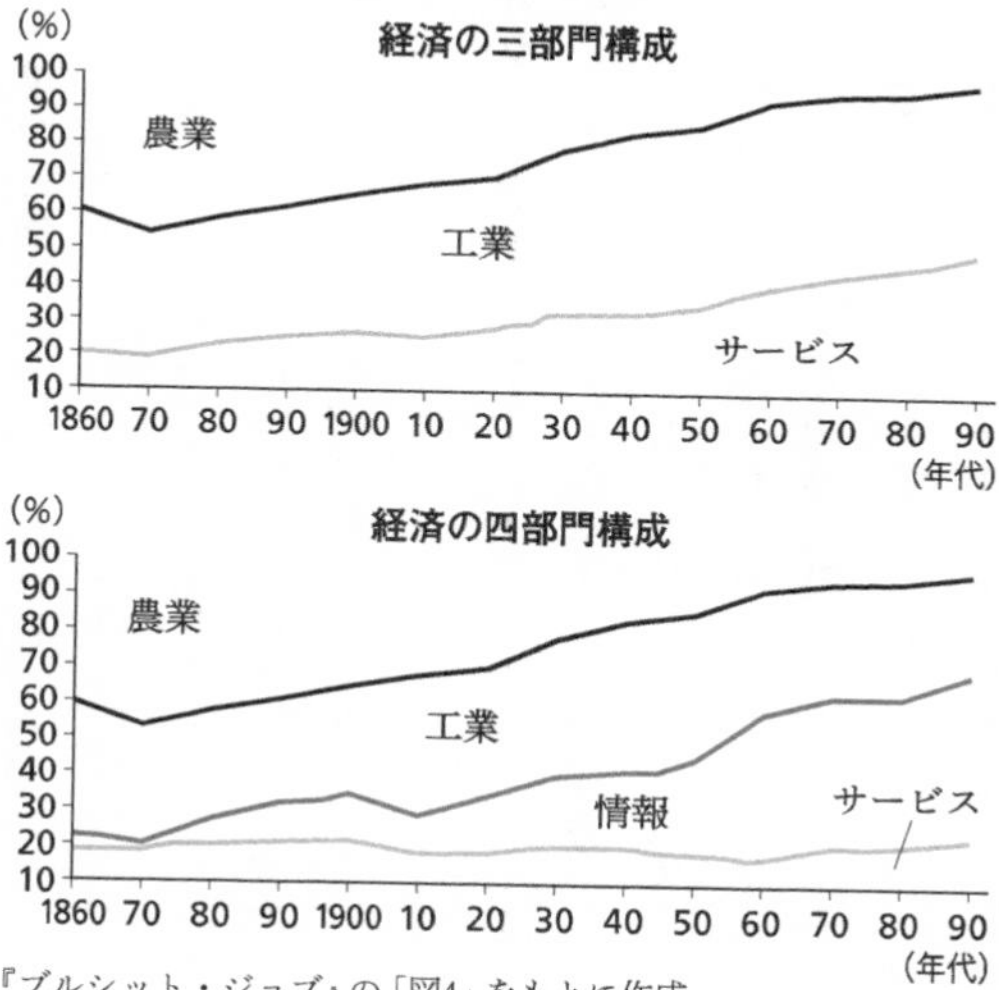

『ブルシット・ジョブ』の「図4」をもとに作成

BSJに該当するかなりがなんらかの管理にかかわる仕事であるという点が大事です。

グレーバーは、BSJがサービス部門の増大にかかわるのではないか、とする議論に、実はサービス部門の増大という現象は起きていない、あるいは少なくともミスリーディングだとしています。サービス部門というと、わたしたちはウエイターとか販売員とかクリーニング屋さんとかそういう仕事をイメージしがちです。ところがこういう古典的サービス業だけみれば、ここ

100年ほど横ばいです。なぜじゃあ、サービス部門の増大がグラフであらわれているのか。ここでいうサービス部門には、行政官、コンサルタント、事務員や会計スタッフ、IT専門家（BSJとしてみてきた仕事ですね）などがふくまれているのです。それを情報関連部門として区別して、あらためてグラフにしてみたのが、図3です。増大しているのは、この情報関連部門、つまり管理にかかわる部門です。

マルクスとアナキズム

いずれにしても、要するに年貢（地代すなわちレントです）を「掠奪」して、それをなんらかのかたちでばらまく、これが分配様式としての封建制です。

これだけだとなんだか荒削りなお話にみえるかもしれません。そこで、先ほどもいいましたが、もう少し厳密な理論的裏づけについてみてみたいとおもいます。

ここでグレーバーが下敷きにしているのは、マルクスの理論です。でもグレーバーは人類学者であると同時にアナキストを自称しているのではないでしょうか？

アナキストとは、「無政府主義者」とも訳されますが、ものすごく初歩的な誤解をまず解いておくと、それはたんなる無秩序という意味でのカオスの思想ではありません。それは組織の思想です。ただその組織には、アナキズムにおいては指導者がいないのです。ヒエラルキーもありません。自由な諸個人が自由に関係を連携し合う、そのような社会のありようを実践的に構築する指向性をもった考えが、おおまかにいうところのアナキズムです。

アナキズムを「アナキズム」と名指ししたのはピエール＝ジョゼフ・プルードンという19世紀フランスの思想家でした。まだ駆け出しのころのマルクスはすでに著述家として名高かったかれに接近しましたが、プルードンはマルクスのうちにある独善性を嗅ぎつけ、それを拒絶します。すると、マルクスはプルードンの一書をあげて猛攻撃をします(2)。このように、マルクスとアナキズムは、実はアナキズムがそう言葉をえて早々の段階から戦闘状態のなかにありました。

とはいえ、それでも実践においてはそう厳格な区別があったわけではありません。そもそも19世紀において、その後半のドイツをのぞいて、マルクスの影響は大きくはありませんでした。強かったのは——あくまで比較するならばの話ですが——アナキズムです。しかし、その源泉はおなじです。すなわち、フランス大革命以来のラディカルな民衆運動、啓蒙思想から初期社会主義思想にいたるまでの自由思想の展開、そしてとりわけイギリスで進展をみせていた政治経済学といった、知的・実践的ゆりかごです。そこからあらわれたマルクス主義とアナキズムとは、ものすごく仲の悪い姉妹ないし兄弟といったおもむきがあります。おなじ母胎から生まれたゆえに共通するものも多いのだけれども、なにか決定的なところでちがう。姉妹兄弟でありがちな、それが他人よりもはげしい決裂や嫌悪となってあらわれるということです。とはいえ、これを「近親憎悪」とするのは安直だとおもいます。本当にゆずれない根本的なところで異なるところもあるのですから。したがってこの二つの潮流を、リベラルや保守の視点から悪意をもっていっしょくたにするのも、あるいは善意からいっしょくたにするのもどちらもまちがっているとおもいます。それらはたとえ、両者が共鳴しているとしても、そして実践的にはときに肩を並べているとしても、根本的に緊張状態におかれねばならないのです。

マルクス主義を活用したグレーバー

グレーバーはアナキストと自称しているわりには、マルクスをよく読んで、大事なところで活用しています。グレーバーの発想は、アナキズムによってある種の要素にターボをかけられた人類学、あるいはその逆、人類学によってある種の要素にターボをかけられたアナキズム的思考によって枠づけられているのにしても、その中核附近にマルクスがおかれていることはまちがいないのです。そもそもグレーバーの人類学の方法的基礎というべき人類学的価値論も、かれの師の一人であるテレンス・ターナーというかなり厳格なマルクス派人類学者の理論を継承発展させたものなのです(3)。

かれは、マルクス主義とアナキズムとをこう位置づけています。マルクス主義は、「革命戦略のための理論的／分析的言説をめざす傾向がある」いっぽうで、アナキズムは、「革命実践のための倫理的言説をめざす傾向がある」と(4)。マルクス派にとって、情勢分析は同時に戦略分析でもありました。というのも、それはその社会のなかでどこに矛盾が集中的にあらわれているかの分析であり、革命勢力がどこをどう攻略していけばよいかはそこから論理的にみちびかれるからです。だから、たとえば農民階級は革命的になりうるか、プロレタリアの同盟者でありうるのか、といった問題があらわれ、喧々諤々となります。ところが、アナキストはこういう発想はしません。農民が革命的になるかどうかは、農民自身の問題であって、だれかが理論的に規定できることではないのです（!）。

こういう二つの指向性は、たがいに補うことができるというのがグレーバーの立場です。かれはアナキストですが、その分析の多くがマルクスを批判的に経由したものであり、少なくともある程度はそれをふまえておくとより理解が深まるようにおもいます。

さて、先ほどみた封建制は、ものすごく骨だけのイメージでいうと、お上が民衆の生産物を「掠奪」し、それを取り巻きたちにばらまく、といった感じに考えておいてよいでしょう。

領主はふつう、法的権利と伝統の複雑な集合体にもとづいて、農民や職人たちによる生産物の一部を吸い上げ（わたしは大学で「法的－政治的徴収（juro-political extraction）」という専門用語を学んだ）、それから、その略奪品をみずからの配下、取り巻き《フランキー》、戦士、従者たちに割り当てる。そして、たまにごちそうをふるまい、宴を開いたり、ときには贈り物や利益供与などによって、そのうちの一部を職人や農民たちにふたたび送り返しもするのである（ＢＳＪ　２３３）

グレーバーは封建制をなによりもまず、このような余剰の「分配様式」として捉えています。

現代における金融化の過程

でもこの一節ではもう少しなにかややこしいことをいってますよね。「法的権利と伝統の複雑な集合体」とか「法的－政治的徴収（juro-political extraction）」とか。このあたりを、もう少し詳しくみていきましょう。

くり返しますと「レント（地代）の徴収と略奪品の再分配に基盤をおく」分配様式が封建制です。このレントの徴収という点を結節点にして、現代資本主義におけるこの封建制的要素を『ブルシット・ジョブ』以上に明快にしてくれている一節がグレーバーの『官僚制のユートピア』のなかにあります。

現代にふさわしい官僚制の批判は、これらのより糸——金融化、暴力、テクノロジー、公的なものと私的なものの融合——が、いかにたがいに織り合わされ、自立的な単一の網の目を形成しているのかを示さなければならないだろう。金融化の過程とは、企業による利潤のうちのますます大きな割合が、あれやこれやのレント取得というかたちをとるということである。つきつめるなら、これはさしずめ合法化されたゆすりといったところである。それゆえ、それにあいともなって、規則《ルール》や規制《レギュレーション》が増殖し、かつ、それらを強制する物理力による脅迫が、ますます洗練し複雑なものになっていくのである。実際、あまりに遍在しているために、もはやわたしたちはじぶんが脅迫にさらされていると認めないほどである。そうではない世界がどのようなものか、想像すらできないからである。それと同時に、レント取得による利潤のいくぶんかはリサイクルされ、専門家階級の選抜や事務処理専門の企業官僚新幹部の養成のため、投入されている。わたしが別のところで述べた現象を促進している要因は、これである。すなわち、ここ数十年、一見して無意味で不要不急の仕事——戦略ヴィジョン・コーディネーター、人的資源コンサルタント、リーガル・アナリストなどなどの「ブルシット・ジョブ」——が、これらの職に就いている人間ですら事業にはなんの貢献もしていないと日頃ひそかに考えているにもかかわらず、増殖しつづけているという現象である［強調引用者］(5)

『官僚制のユートピア』という著作は『ブルシット・ジョブ』とは姉妹関係にあることがよくわかるとおもいますが、「ブルシット・ジョブ」という概念をはじめて目にしたのは、実はこの本の翻訳の過程でした。ここだけ1ヵ所でてくるのです。

この一文からは、以下のようなポイントがとりだせます。

（1）現代における金融化の過程がある
（2）その過程で企業の利潤がレント取得というかたちをとる
（3）レント取得による利潤がリサイクルされ、ＢＳＪのために投入されている

金融化の過程とは、要するに、社会において金融の比重が高まっていくことです。『ブルシット・ジョブ』でも、ＦＩＲＥ部門という用語がでてきます。これは第四次産業とも呼ばれますが、金融（finance）、保険（insurance）、不動産（real estate）の略です。先ほど情報関連部門と述べたのは、このＦＩＲＥ部門にＩＴ部門もくわえれば、おおよそ対応しています。これもみればわかるように、『ブルシット・ジョブ』でＢＳＪの事例としてあがる職種がずらりです。金融化とは、こうした部門の経済における比重の増大をひとつは意味しています。直感的にも浮かばないでしょうか？　みなさんもいま伝統ある製造業やメディア産業の大企

業が、実は本業での経営ではなく、所有する土地の地代や自社ビルの家賃でなんとかもっているという話を聞いたことはないでしょうか。これは、バブル経済と密接不可分でもあった不動産の異様な高騰がみられた１９８０年代に日本でもすすみました。この時期、世界でも、企業が地道に生産を運営し、そこからあがる利益を生産のその組織化、向上、それによる製品の品質向上、イノベーションのための研究にふりむけるのではなく、てっとりばやく所有できる資産——土地であることもあれば証券あるいは株式であることもあります——を獲得しようとしはじめたのです。

資本主義の歴史を検討すると、おおまかに新産業の開拓による好況で特徴づけられるA局面と、そうしたポテンシャルが尽きてしまう不況で特徴づけられるB局面の循環がみられます。このB局面の時期には、資本は金融にむかう傾向があります。たとえば、この時期、株式投機や不動産開発が進行します。１９８０年代から世界の都市ではジェントリフィケーションという都市再開発が活性化をみせますが、それもこのB局面と関係しています(6)。

現代の資本主義は「レント資本主義」？

さて、利潤が「レント」という形式をとるとは、モノを売ってそれで利益をえる、というよりも、このような不動産とか株式から利益をうるほうに比重がおかれるということを意味しています。

「レント」は、かつては主に「地代」を意味していました。地代とは、土地所有者に対して支払われる土地の使用料、すなわちレンタル料を指します。財産所有者に流れ込んでくるそれ以外の支払いとは区別されていたのです。かたや、働いてなにかを生産して、その生産物を売ってお金をえるという形態があります。かたや、なにかを所有していてそれへのアクセスの権利を与える（たとえばレンタルする）ことによってお金をえるという形態があります（マンションを所有していてその部屋を貸すことでお金をえるのです）。封建制は基本的に農業社会であり、土地を基礎にしています。そしてその土地は、これも基本的には君主や王が名目的には所有していることになっています。そしてそれを臣下に貸し与えているというかたちをとっています。臣下もまたヒエラルキーをつくっていて、ある臣下がその土地をさらに細分化してみずからの臣下に貸し与える。かれらはその土地に緊縛された（農民の移動は原則として禁じられていました）農民たちに、その土地をやはり貸与して、そこから賦役という形態であれ、現物形態であれ、あるいは金銭という形態であれ、対価として富を徴収していました（それぞれ、労働地代、生産物地代、貨幣地代といいます）。基本的には、土地それ自体はだれによっても生産されませんよね。土地で育つ農産物、あるいは土地の上に建つ工場ならば、人間によって生産することができます。でも、もともと自然のめぐみとして存在する土地にはそれ自体の価値が存在します。それゆえ、この土地の所有権を主張できる者はだれも、土地を活用することではなく、この土地という所有物へのアクセスを支配している事態だけに、つまりそれを所有しているというだけで支払いを要求しうるのです。

近代初期に経済学（政治経済学）が発展しはじめたとき、レントとはおおよそこの土地所有から発生する支払い、すなわち「地代（ground rent）」のことでした。ところが資本主義が展開するとともに、たんにお金をもっていることから発生する支払いとか、大きな機械設備を所有していてそれを貸し出すことから発生する支払いなど、レントの概念は、必然的に拡張され、より抽象的になります。そして現在では、いわゆる情報化とかＩＴ化がすすむなかで、従来はモノの売買であったものが、知的所有権への使用料や手数料による取引になりつつあります。たとえば、パソコンのソフトにわたしたちが支払うのはいわばレンタル料ですし、電子ブックもそうです。それればかりか、もっとも知的所有権のようなものとは縁遠いとみなされていた農作物すら、遺伝子組み換え技術によってレントの領域に入りつつありま す。このような意味で、現代の資本主義を「レント資本主義」といったりするのです。

ところが、こうした封建制に淵源をおくレントは、当初、新興の資本主義とは対立するもの、あるいはなじまないものであり、しだいにすたれていくものとみなされていました。資本家とは、おおざっぱにいって、戦争するか遊んでいる——狩りとか馬上槍試合などで——

か、といった封建領主とは対極的に、時間を惜しんで働き、稼いでも禁欲して、さらに事業を拡大すべくチャレンジする人のことでしたから。だから、この時代、「レンティアー」(レントで生活する人)、たとえば「金利生活者」とは、なんとなく貧相な年金暮らしの人間か、寄生的な投機家などといった悪いイメージになります。そして、20世紀、ついにわれらがケインズが「金利生活者の安楽死」を唱えることになるわけです(7)。

「ブルシット」の温床

さて、封建制はこのレントに基盤をおいていました。そしてそのレントの徴収は、「経済外的」におこなわれていました。日本でも江戸期には年貢の徴収は、政府に委託された村役人がおこなっていたように。それに対して、資本主義社会ではおおよその場合、余剰の徴収はそんなお役人がやってきて、搾取させてもらうよといってふんだくっているわけではありません。だから「搾取」はみえにくいのですが、封建制におけるレントの徴収では、どれほど収奪されているのかがはっきりとわかります。先の『ブルシット・ジョブ』の引用のなかでグレーバーは、「領主はふつう、法的権利と伝統の複雑な集合体にもとづいて、農民や職人たちによる生産物の一部を吸い上げ」るといってました。それはこのことをいっています。「わたしは大学で『法的-政治的徴収(juro-political extraction)』という専門用語を学んだ」

ともいってますが、これはマルクス派の史的唯物論に独特の表現です。これを「経済外的強制」といいます。経済的余剰の徴収が政治的におこなわれるということです。だからここでは、政治的なものと経済的なものが不可分です。それに対して資本主義においては主要には「経済内的強制」というかたちをとる、といいます。そこでは、経済的なものが自立しているようにあらわれます(8)。

こうみてみると、つぎの一節もわかるとおもいます。

> 経済的思惑と政治的思惑が重なり合う封建制の論理にしたがえば、そのような事態も完全に理解可能である。PPIを割り当てる業者たちのように、その核心は、敵から強奪するか、手数料や使用料、地代、徴税などによって平民から徴収《エキストラクト》することで、たんまりと略奪品を獲得し、それを再分配することにあるのだから。この過程のなかで、取り巻きの一群が形成される。それは、華やかさや威厳を誇示するための視覚的な手段であると同時に、政治的な利益供与を配分する手段なのである。たとえば、忠実なる同盟者《グーン》に報奨を与えることで潜在的な不満分子を買収したり、手の込んだ名誉と権限のヒエラルキーをつくって下級貴族を相争わせたり、である(BSJ 233~234)

「PPIを割り当てる」とは、イギリスのお話です。イギリスでは、2006年にPPIスキャンダルという事件がありました。消費者むけ銀行におけるイギリス史上最悪のスキャンダルといわれています。PPIとは支払保障保険を意味していますが、多数の銀行が不適切なそれを顧客に売りつけたことが発覚します。裁判所は金の大部分を返還するように命じたのですが、それはとんでもない巨額にのぼりました。その結果、PPI払い戻し請求の処理をめぐって巨大産業ができあがったのです。

それは予想できるように「ブルシット」の温床になります。第五章でエリオットというイギリスの大手会計事務所で働いていた人が証言しています。その事務所は銀行と契約をしており、補償の支払いを請け負いました。ところが、エリオットをふくむその業務をおこなう人員にはほとんど教育もなにもなされず、だからミスが連発します。それにくわえて、システムもたえず変更され、それがまたミスを誘発します。その状態はあえて放置されている、あるいは、あえてそういう状態が構築されている、というのがエリオットの感触でした。なぜならば、そうすると契約が引き延ばされ、そこからあがる利益も増大するからです。グレーバーとエリオットはこういうやりとりをかわしています。

グレーバー　基本的に資金の分配にかかわるシステムでは、あちこちの隙間に可能なかぎり寄生者《パラサイト》のレイヤーをつくりだすことが重要なのですね。なぜこういえるのか、よくわかりました。ところで、かれらは究極的にはいったいだれを食い物にしているのでしょう？　顧客《クライアント》でしょうか？　あるいは別の人たちでしょうか？

エリオット　最終的にはだれがこのツケを支払ってるんでしょうね？　銀行でしょうか？　そもそも詐欺的行為による損失に対する保険を銀行とむすんでいる保険会社でしょうか？　結局のところ、支払いをしているのが消費者や納税者であることはあきらかです。こうした会社は、人々を食い物にする方法だけ、わかっていればよいのです。

（BSJ　221〜222）

東京五輪とブルシットの力学

巨額の資金が動くとき、その分配にかかわるシステムにすきまがあれば寄生者のレイヤーがつくりだされる。この力学は日本でも、即座におもいうかぶ事例がないでしょうか？　現在の政権あるいは政府と電通とかパソナとの関係ですね。政府はかつて公共あるいは行政に属していた機能を「市場原理」の導入によって「効率化」するとの名目で、大手広告代理店などに委託しています。たとえば今回の東京五輪です。そこでは数兆円という巨額の資金が、こうした代理店などを通して大量にばらまかれました。準備期間中に日給数十万の謎のポストがあることが発覚して、ちょっとしたスキャンダルになりましたよね。おそらく、そこではほとんどなんの意味もないポストがつくられ、そこに資金がばらまかれていたのではないかと想像されます。

もうひとつ、『ブルシット・ジョブ』には、ハリウッドで脚本家をやっているオスカーという人物の証言があらわれます。かれによれば、ハリウッドにもブルシットの波が押し寄せ、一つの作品をつくるにあたって異様に複雑な過程がうまれ（それまでは良かれ悪しかれワンマンオーナーがやると決めたら、あとは現場にほとんどゆだねて好きにつくらせていたことも多かった）、一つの作品が制作される過程で、謎の肩書きの上司（なんとかなんとかエグゼクティヴみたいな）がうじゃうじゃあらわれて、口をはさんでいく結果、意味不明なものができあがるといっています。これは経営封建制がどれほど、一つの過程のなかに謎めいた中間的ポストをつくりだすかの事例としてあげられているのですが、ここでわたしたちはなにかをおもいださないでしょうか。東京五輪開会式のパフォーマンスをめぐるゴタゴタです。

ＢＳＪ論は、今回の東京五輪についても、そこでなにが起きているのか、どうしてあのようなことが起きたのか、手がかりを与えてくれるようにおもいます。細部にわたる検討は、ここではできませんが、大枠でいえば、その資金のほとんどは、税金で、基本的にわたしたたちから徴収された富ですよね。その膨大な富を、かれらは仲間内にばらまき、そしてより土台にあたる必要不可欠な仕事は、なるべく無償でそして医療従事者にもなけなしの報酬しか払いませんでした。まるでこうした必要不可欠な仕事は報酬はいらないだろ、とでもいわんばかりです。

次講ではこうした倒錯した力学が、実はＢＳＪ現象が必然的にもたらすものであることをみていきたいとおもいます。

（1）この問題については、バーバラ・エーレンライク『「中流」という階級』（中江桂子訳、晶文社、１９９５年）が日本語で読めます。

（2）『哲学の貧困』です。最新の翻訳は『［新訳］哲学の貧困』（的場昭弘訳、作品社、２０２０年）をみてください。

（3）テレンス・ターナーには、公刊されたテキストとしては難解な秘教的論文しかほとんどなく（２０１５年の死後、ようやく一冊の本としてまとめられグレーバーのまえがきを付して公刊されました――Terence S. Turner, The Fire of the Jaguar, HAU, 2017）、それでいて周囲の学生や研究者たちに強力な影響を与える、そうたくさんはいないけれども、いつの世も確実に存在するタイプの学者でした。グレーバーの初期の理論的探究は、ターナーをふくめ、シカゴ大学という口ーカルな範囲ですすんでいた人類学的価値論の射程を、限定された専門的領域を超えて拡大し、大きな世界に知らしめるという意図をも有しています。

（4）David Graeber, Fragments of an Anarchist Anthropology, Prickly Paradigm Press, 2004, pp.80-81（高祖岩三郎訳『アナーキスト人類学のための断章』以文社、２００６年）。グレーバーにおけるアナキズムとマルクシズム、そして人類学の関係については、この本が手引きとしては最適です。またそれ以上に、インタビューを中心に構成された『資本主義後の世界のために――新しいアナーキズムの視座』（高祖岩三郎訳、以文社、２００９年）も参考になるとおもいます。

（5）David Graeber, The Utopia of Rules: On Technology, Stupidity, and the Secret Joys of Bureaucracy, Melville House, 2015（酒井隆史訳『官僚制のユートピア――テクノロジー、構造的愚かさ、リベラリズムの鉄則』以文社、２０１７年、58ページ）

（6）ここでは世界システム論を参照しています。とりわけジョヴァンニ・アリギの以下の本が参考になります。Giovanni Arrighi, The Long Twentieth Century: Money, Power and the Origins of Our Times, Verso, 1994（土佐弘之監訳、柄谷利恵子、境井孝行、永田尚見訳『長い20世紀――資本、権力、そして現代の系譜』作品社、２００９年）

（7）John Maynard Keynes, The General Theory of Employment, Interest and Money, Palgrave Macmillan, 1936（間宮陽介訳『雇用，利子および貨幣の一般理論』岩波文庫、２００８年）の最終章をみてください（岩波文庫版では下巻です）。

（8）ここでグレーバーがあげているのが、ペリー・アンダーソンの『古代から封建へ』（青山吉信、尚樹啓太郎、高橋秀訳、刀水書房、１９８４年）です。

第7講　「エッセンシャル・ワークの逆説」について

「シット・ジョブ」とはなにか

　地味だけど社会的に意味のある仕事は無償かあるいは非常に低額の報酬で、そうではないよくわからない仕事には多額の報酬が与えられている――ＢＳＪ現象に普遍的にみられるこの力学を考えるときには、ここまで大事だけれどもペンディングにしていた論点にふれておかねばなりません。「クソ仕事」つまり「シット・ジョブ」です。

　もう誤解はないとおもいますが、最初のうち、わたしもよく遭遇した混乱に、ＢＳＪと労働条件の劣悪な仕事とのとりちがえがありました。グレーバーはこの「割に合わない仕事」を「シット・ジョブ」と呼びます。日本語で「クソ仕事」としてかまわないとおもいます。

　ＢＳＪとシット・ジョブは似ているようで、実は正反対です。シット・ジョブは、たいてい労働条件は劣悪です。それにあまり社会的地位が高いともいえません。日本でかつて「３Ｋ労働」といわれていたものは、その典型です。３Ｋとは「きつい、汚い、危険」という意味です。「一般的には建設・土木、ゴミ処理などの肉体労働や、警察官や看護師、介護士など勤務・労働条件の厳しい職業を指」す(1)。これはウェブ上にある「人事・労務の情報サイト『日本の人事部』」掲載の「人事労務用語辞典」からの引用で、2004年の記述です。もう20年近く前になりますが、この記述はかなり示唆的です。これまで述べてきたように、こうした人たちが、じぶんたちの仕事が、社会にとってなんの意味もないと感じていることはまれです。そもそも、じぶんの仕事がブルシットである、と感じるためには、仕事には報酬だけでは測れない価値があるとだれもがうすうす感じているからです。もちろん、モノやサービスについても、わたしたちは、これはぼったくりだとかえらく得したとかいうわけですから、うすうす市場価値と実質的価値には乖離があると感じていないわけではありません。ですが、わたしたちの「労働力商品」にかんしては、その乖離はこれまでみてきたように普遍的でかつ深刻なわけです。

社会的価値と市場価値の反比例

『ブルシット・ジョブ』を通して、印象深い証言を残している、「エリート」BSワーカーのハンニバルは医療現場での経験をこう表現しています。「仕事をしてえられるお金の総額とその仕事がどれだけ役に立つのかということは、ほとんどパーフェクトに反比例している」(BSJ　273)。社会的価値に乏しければ乏しいほど、実入りはよくなり(市場価値は上がり）、社会的価値に富んでいれば富んでいるほど、実入りは悪くなる（市場価値は下がる）。要するに、だれかがきつくて骨の折れる仕事をしているとすれば、その仕事は、世の中の役に立っている可能性が高い。つまり、だれかの仕事が他者に寄与するものであるほど、当人に支払われるものはより少なくなる傾向にあり、その意味においても、よりきつい仕事となっていく傾向にある。この逆説を、グレーバーは以下のように定式化しています。

その労働が他者の助けとなり、他者に便益を提供するものであればあるほど、そしてつくりだされる社会的価値が高ければ高いほど、おそらくそれに与えられる報酬はより少なくなる〔強調引用者〕（BSJ 271）

社会的価値は測定できるか

社会的価値は「プライスレス」の領域である、と第2講で述べました。社会的価値は、市場価値とは異なり、客観的尺度をみつけることができません。だからこれは主観的領域、あるいは多かれ少なかれ共有された主観、すなわち共同主観的領域になります。

それでも経済学者のなかには、この社会的価値を測定しようとした人たちもごくわずかですが存在しているとして、グレーバーはつぎのような研究の結果をあげています。これは、

「有用性」と報酬の反転した関係を数量化したものです。

・研究者　プラス九
・教師　プラス一
・エンジニア　プラス〇・二
・コンサルタントとIT専門家　〇
・弁護士　マイナス〇・二
・広告マーケティング専門家　マイナス〇・三
・マネジャー　マイナス〇・八
・金融部門　マイナス一・五（BSJ　275）

グレーバーは、この研究は有益であるがこれらが高給取りに限定されているので、じぶんの主要な対象である中間的管理階級のブルシットをカバーするには足りないとして、もうひとつより近しい調査、イギリスのニューエコノミクス財団のおこなった調査をあげています。「社会的投資収益率分析」という方法を用いて、高収入と低収入、それぞれ三つずつ、合計六つの代表的な職業を検証したものです。その結果の要約が以下です。

・シティの銀行家――年収約五〇〇万ポンド、一ポンドを稼ぐごとに推定七ポンドの社会的価値を破壊。
・広告担当役員《アドバータイジング・エグゼクティヴ》――年収約五〇万ポンド、給与一ポンドを受け取るごとに推定一一・五〇ポンドの社会的価値を破壊。
・税理士――年収約一二万五〇〇〇ポンド、給与一ポンドを受け取るごとに推定一一・二〇ポンドの社会的価値を破壊。
・病院の清掃員――年収約一万三〇〇〇ポンド（時給六・二六ポンド）、給与一ポンドを受け取るごとに推定一〇ポンドの社会的価値を産出。
・リサイクル業に従事する労働者――年収約一万二五〇〇ポンド（時給六・一〇ポンド）、給与一ポンドを受け取るごとに一二ポンドの社会的価値を産出。
・保育士――年収約一万一五〇〇ポンド、給与一ポンドを受け取るごとに推定七ポンドの社会的価値を産出(2)（BSJ　276～277）

こうした研究が市場価値と社会的価値との乖離についての感覚を裏づけていることはたしかですが、方法の大きなちがいもありグレーバーはあまり深入りしていません。したがってここでは、こういう社会的価値を数量化することで可視化させようとする研究も存在することを紹介するにとどめたいとおもいます。

社会的価値と市場価値の乖離はだれもが感じていますし、裏づけもありそうです。それはいいとして、問題はその先にあります。つまり、その乖離がどうして、社会的価値の高い仕事は報酬が低く、社会的価値に乏しい仕事が報酬が高いという傾向としてあらわれるのでしょう？　そしてそもそもどうしてわたしたちはそれを問題とあまりおもわないのでしょう？　それどころか、しばしばわたしたちは、それはそうであるべきだとすら考えています。それがなぜかは、こうした調査結果からもみえてきません。

経済停止と「エッセンシャル・ワーカー」

先ほどみたように、３Ｋ労働の定義のなかにあげられた職業には、「建設・土木、ゴミ処理などの肉体労働や、警察官や看護師、介護士」とありました。お気づきのように、これらはいわゆる「エッセンシャル・ワーカー」に属しています。

『ブルシット・ジョブ』には「エッセンシャル・ワーク」という概念はあらわれません。この概念はつい最近までそれほど流布していませんでしたし、この研究のテーマはあくまで「ブルシット・ジョブ」のほうです。だからここでは、「非ＢＳＪ」と消極的なかたちで表現されるか、あるいは「実質ある仕事《リアル・ワーク》」と積極的なかたちで表現されるかしても、便宜上という二ュアンスが強く（BSJのなかにもふくまれる実質のある仕事についてもいわれています）、主題になることはありませんでした。

「エッセンシャル・ワーカー」という概念が浮上してきたのは、もちろん、COVID－19パンデミックのもたらした「ロックダウン」、日本では「自粛」状況です。それがグレーバーのかねてよりのBSJについての主張を事実によって裏づけたという感もあり、「エッセンシャル・ワーカー」という概念にひそむ認識と共振したようにもみえます。これまでみてきたように、グレーバーはずっと「必要のない仕事は存在する」と論じてきました。とはいえ、「経済」を止める以外に、この世界が回っていくのになにが必要か必要でないかをみきわめる方法はありません。だから、「経済」が停止するという事態は、実験が不可能な社会科学的領域において、そうそうある機会ではなかったのです。ところが、このパンデミック状況が、皮肉なことに、それを可能にしました。

グレーバーは、パンデミック初期、2020年5月のインタビューでこう述べています。

長いこと、世界中の政府が、こんなことなんてありえないとわたしたちに説きつづけてきました。すなわち、ほとんどすべての経済活動が停止すること、国境を閉鎖すること、そして世界規模で緊急事態が宣言されることです。3ヵ月ほどまえまでは、GDP

が1%減少しただけでも大惨事になるとだれもが予想していました。ゴジラみたいな経済的怪物に、わたしたちが押しつぶされてしまうかのように、です(中略)ところが、だれもが自宅でじっとしていましたが、経済活動の減少はたった3分の1です。すでにこれ自体、ぶっとんでますよね。だれもが自宅にじっとして、なにもしないとすれば、経済活動は少なくとも80%ぐらいは低下するようにふつう考えませんか。ところが3分の1なんです。いったい、経済を測定する尺度ってなんですか?(3)

「エッセンシャル・ワークの逆説」という難題

おそらく、そこで浮上してきたのは、『ブルシット・ジョブ』で前面にあらわれるよりは、その強力な文脈として作用していたテーマ、不要な労働ではなく、必要な労働というテーマです。

「エッセンシャル・ワーカー」が、その名の通り、この人類が生活をいとなんでいくにあたりもっとも基本的で必要不可欠であるにもかかわらず、労働条件において相対的に低劣におかれていることはたとえば、アメリカの経済政策研究所(EPI)という労働組合のシンクタンクによる統計のまとめによってもあきらかです。2020年5月の時点で、このレポートの著者たちは(4)、コロナ禍のもとでのエッセンシャル・ワーカーが十分な医療や安全配慮を与えられずに働いており、その結果、死亡者が多数にのぼりつつある状況を指摘しています。そのうえで、アメリカのエッセンシャル・ワークを12（食糧・農業、緊急サービス、公共交通・保管・配達業務、工業・商業・居住設備やサービス業、医療業務、自治体・コミュニティサービス、エネルギーなど）に特定して、それに従事するおよそ5500万人の労働者の賃金やジェンダー、組合組織率などを調査しています。それによると、エッセンシャル・ワーカーの70％が非大卒。医療従事者における女性の割合は76％、それに対してエネルギー部門では男性が96％、食糧・農業や工業・商業・居住設備やサービス業の半数以上を非白人が占めています。その結果もあるでしょうが、給与も非エッセンシャル・ワーカーに対してエッセンシャル・ワーカーが低くなっています。

「エッセンシャル・ワークの逆説」は、ここからも確認できます。それでは、いったいどうしてこのようなことが起きているのでしょうか？　どうしてこのようなことがさしておかしいともおもわれていないのでしょうか？

この問題については、すでに2013年の小論の時点でこう提起されていました。再度、確認してみます。

・とりわけ１９６０年代、自由時間を確保した充足的で生産的な人々があらわれはじめた（ヒッピームーヴメントのような動きもその一端でしょう）。この状況に支配階級は大いなる脅威を感じることになる。

・それとは別に、わたしたちの社会のうちにはかねてより、労働はそれ自体がモラル上の価値であるという感性、めざめている時間の大半をある種の厳格な労働規律へと従わせようとしない人間はなんの価値もないという感性が常識として根づいていた。これは支配階級には、とても都合のよいものだった。ネオリベラリズムはこの感性を動員する。

・その感性が、有用な仕事をしている人間たちへの反感の源泉にもなる。つまり、労働そのものが至上の価値であるならば、その価値観でもって働いている人間にとっては、それ以上の価値をもった仕事に就いている人間は存在そのものが妬ましい対象である。そしてその妬みを促進するのが、ＢＳＪに就いていることにひそむ精神的暴力である。

・このようなモラルの力学が、はっきりと他者に寄与する仕事であればあるほど、対価はより少なくなるという原則を裏打ちする。

・さらには、これを矛盾ではなく、むしろあるべき状態とみなすという倒錯がある。

こういった議論の構成です。ここから確認できるのは、

（1）労働はそれ自体がモラル上の価値であるという感性がある
（2）それが有用な労働をしている人間への反感の下地となっている
（3）ここから、他者に寄与する仕事であればあるほど、対価はより少なくなるという原則が強化される
（4）さらに、それこそがあるべき姿であるという倒錯した意識がある

この逆説はこうした価値意識に根ざしています。人は労働に市場価値だけでなく社会的価値をもとめています。市場価値にすべて還元することはなかなかできません。ところがそれが社会的価値のある労働への反感の下地にもなっているのです(5)。

教員のストライキと反発

教員や自動車工場の労働者のストライキの例をグレーバーはあげています。アメリカでは（というか世界では）工場労働者や教員がストライキをやることは労働者の権利の行使として常識的な現象です。とはいえ、かれらのストライキに対する反発も強い。そこには「あいつらはやりがいのある仕事をしやがって、しかもそれなりの報酬もえやがって、それ以上なにが欲しいんだ、ふざけるな」という反感がひそんでいる、とグレーバーは分析しています。

ここでの議論は、少し理解がむずかしいかもしれませんが、BSJの文脈となっている労働観を念頭において想像したり、とくにもし日本でいま教員のストライキが起きたらと考えたりしてみれば、わかりやすいとおもいます。まあ想像するだにおそろしい罵詈雑言、誹謗中傷、陰謀論が「ネトウヨ」を先頭にネットで荒れ狂うでしょう（こう想像してみると、価値ある仕事をめぐる反感が右翼ポピュリズムの源泉であるということの意味がわかるような気にならないでしょうか）。とはいえ、もともと日本では小中高の教員のストライキへの抵抗は根強いものがありました（もちろん、そこでは公務員にスト権がないという日本独特の条件も手伝っています）。いわゆる「革新勢力」のなかにすら反発があったのですから。教師とは「聖職」であるというのがひとつの理由です(6)。そこには他者にとりわけ奉仕する価値ある仕事だからこそ、ふつうの労働者とおなじように物質的条件をもとめてその崇高な仕事を放棄するなどあってはならないとする観念があります。このなによりも有用である労働、社会的価値のある労働に対して報酬をもとめることへの反感がわかりやすいかたちで露呈しています。いまではもっとむきだしの反発があふれるでしょう。教員の労働条件の過酷さはだれもが知っています。そういえば、少し前に文科省がツイッターで「#教師のバトン」というハッシュタグを使って、現役の教師たちの声を募集したことがありました。もともとの狙いとしては「いまは教師になる人が少ないから、現場から教師という仕事のすばらしさを発信してもらおう」というものだったとおもうんですが、ふたをあけてみると、そのハッシュタグが「残業代未払い」とか「部活動の強制労働」などの話題であふれて、教師という仕事の労働環境の酷さを逆に露呈させるものになってしまいました。それでもいま教師になろうとする人の多くは、きっと教師という仕事を「それでもやりがいがあるはずだ」と選んでいるとおもいますし、実際に仕事をしながら、そのかたちはさまざまでしょうが、なんらかの意義を感じてもいるでしょう。でも、それがこのような労働条件の過酷さがスルーされていく条件なのです。それ以上のことを要求すると、「ふざけるな、やりがいがあるだろう」「そんな仕事をしていて物質的厚遇をもとめようなんて、なんて欲深いんだ」となるわけです。

それにしても、こうした精神状態ってほんとに荒廃してますし、そもそも、こういうシステム全体から膨大な富をえている一握りのエリート以外、「だれも得をしない」ですよね。こうした状況に早急にとどめを刺したい、というBSJ論の意図が迫ってきます。

「労働」とはなにか

このような考えの背景に、グレーバーは資本主義あるいは資本主義をドライブする資本主義的価値観の揺籃《ようらん》となった北部ヨーロッパにおける労働観の成立を歴史的にたどっています。ここでは最低、つぎの点を押さえておけばよいとおもいます。

「エッセンシャル・ワークの逆説」をもたらす労働についての観念には、以下の三つの観念が複合しています。

（1）労働は人間に与えられた罰であり、人間にとっては苦痛であるという観念
（2）労働は無からなにかを生みだす創造であろうという観念
（3）労働にはそれ自体で価値がある、しかもそれはモラル上の価値であるという観念

これらの三つの観念が、中世後期の北部ヨーロッパで絡まり合って、資本主義の展開とともに、（おそらくは第4講で述べたような仕事の時間指向的変容とあいまって）、わたしたちのいまにいたる労働観を形成している、グレーバーは、こう考えているようにおもわれます。

この議論は、（1）と（2）がキリスト教的伝統と神学に根ざしているのに対して、（3）は中世の北部ヨーロッパの世俗的展開に根ざしていることから、さらにややこしさが増しています。それぞれみていきたいとおもうのですが、そのあふれでる含蓄にあまりかかずりあわないように、筋だけをピックアップします。

（1）労働とは人間に与えられた罰であるというのはキリスト教的伝統にあります。アダム

は神の掟を破った罰として、エデンの園を追放され、苦行としての労働を課せられます（ギリシアのプロメテウスの神話でも、人間は神をだました報復として労働が課せられます）。労働は苦行である、これがひとつです。

（2）もうひとつ、神学的伝統です。労働は弱められた神の創造であるというのは、キリスト教の展開のうちにあらわれたヨーロッパに伝統的な発想です。無からなにがしかの主体がすべてを創造するといったイメージは、一神教に強い発想です（多神教の伝統においては、たいていすでに宇宙はそこにあります）。こうした無からなにかを生みだすという神のイメージが人間、とりわけ家父長制のもとで男性にスライドして（女性は子どもをうみます）、「弱められた神の創造」としての労働のイメージとなります。

たしかに、わたしたちは労働というとすぐに、それまでなかったなにかをこの世にもたらすこと、その意味での製造と等しく考えられた生産と捉えがちです。ところが、労働の現実をみるなら、それがおもいこみにすぎないことがわかります。

グレーバーのよく出す例でいえば、ガラスのコップです。ガラスのコップをこの世に生みだす作業は一度きりです。ところが、そのコップはたとえばレストランあるいは家庭で何万回と洗われ保管されて、わたしたちの食生活に奉仕することでしょう。コップをめぐってそれを現実にもたらした時間やそれに携わった人間を、それの「メンテナンス」にかかわった時間や人間のほうがはるかに凌駕するのです。

ところが、わたしたちは労働のこうした重要な側面を、労働を観念するときになぜか忘れてしまいます。そして、19世紀から20世紀にかけて、工業化がすすんでいくにつれ、ますますこの観念は強化されました。

ロンドンで地下鉄労働者がストライキをおこなったとき、そのビラにかれら自身がみずからの仕事の細目をあげたものがあって、それをみたグレーバーは、かれらのあげる業務の大半は、迷子を探したり、客の問い合わせに応じたり、忘れ物を管理したり、客どうしのトラブルやあるいは犯罪に目を光らせたりといった、輸送に直接かかわる職務よりも人間への配慮にかかわるものであることに気づきました。つまり、わたしたちの労働のかなりの部分が、モノの生産ではなく、モノや人のケアの次元にかかわっている、あるいはほとんどすべての仕事にケアの次元がふくまれているのです。

(3) そして、ヨーロッパ中世の神学には直接にはかかわらない要素です。中世の北部ヨーロッパには「ライフサイクル奉公」という制度がありました(7)。

「ライフサイクル奉公」とは、男女問わず、かつほとんど身分も問わず、仕事にかかわる人生のはじめの7年から15年ほど、じぶんの家族を離れて、修業するというものです。たとえば、職人が一番わかりやすいのですが、ティーネージャーの若者がまず親方に徒弟としてつきます。それから雇職人（ジャーニーメンといいます）となり、一定の期間をへて親方の地位を獲得します。それではじめて一人前です。結婚してじぶんの家庭や店をもち、じぶんの弟子をとる。こういう過程です。農民にもおなじような仕組みがあり、貴族でさえ例外ではありませんでした。貴族の娘は、わずかばかり高い地位にある既婚の貴族女性に侍女として仕え、青年期を送りました。侍女は「ladies-in-waiting」ともいいます。つまり、やがて結婚しみずからレディ（淑女）になるまでの待機中の女性です。「仕える」を「wait upon」と表現しますが、これもそこからきています。ウェイター、ウェイトレスという現代のサービス業の表現にこうした伝統が残存しています。

この時期、一人前未満の男女は奉公の対価に報酬をえていました。だからこれは、ある意味で先駆的な賃労働であるともいえます。とはいえ、ここで重視されていたのは、マナーの獲得でした。マナーとは、たんなるエチケットのようなものではありません。「世界のなかで人がふるまったり存在したりするその様式《マナー》、より一般的には、人々の習慣や趣味、そして感性」のことです。つまり、人間としてのありようを学ぶ機会でもありました。ここでは支払い労働は同時にこの世界を生きるためのモラルを学ぶ教育の機会でもあったのです。

「逆説」をもたらした歴史的背景

さて、現代にいたるまでの労働の観念を形成する三つの要素をかんたんにみてきました。資本主義の形成にともなって、このライフサイクル奉公は、賃労働として人生全体を支配するようになります。封建制のこの価値観からすれば、わたしたちは永遠に一人前になれない存在でもあるわけですね。またこのことから、日本でも初期の工場労働者の目標が、たいていじぶんで工場をもって独立することだったことの意味もわかります。日本でも賃労働者にとどまることは、一生、半人前であることを意味していたのです。

脇道にそれ（かけ）ましたが、では、このことがどのように「エッセンシャル・ワークの逆説」とむすびついているのでしょうか？

（1）労働はモノを無から創造する生産であるという発想は、ケアの系列にかかわる活動を生産にかかわる活動としては不可視化し、それによって価値の切り下げをもたらします。とりわけ、資本主義が生まれ、工業化がすすんでいくとともに、モノづくりという意味での生産がきわだってくると、ますますそれが主役になり、ケアにかかわる仕事は、その主役をひきたてる影の役割にますます甘んじるようになります。

（2）労働はそのものが人間を形成する価値であり、モラルであるといった観念が、プロテスタンティズムをへて強化され、根づいていきます。

（3）しかも、そこには労働は苦痛であるという神学的観念も付随します。となると、労働とは苦痛である、であるがゆえに、人間を形成するモラルたりうるのであるといった発想になります。

このような労働の観念がどのようにBSJとしてあらわれているか、第六章にある大学で助成金の審査をやっていた（ブルシットだったらしいです）クレメントという人の証言がでてきます。

同僚たちもみんな、あんまりすることがないので、適当に早々に帰宅しています。それでも、みんなどれほどじぶんたちが忙しいかを口にするのです。揺るぎない事実を公然と否認するこの態度、とクレメントはいっています。やりたくもないどうでもいい仕事でもそれを熱心にやっているのだとアピールしあう暗黙のプレッシャーがかかっていて、それが空気のように漂っていたというのです。賃労働を通して身も心も破壊しなければ、正しく生きていないという、それが社会関係の基本原理だった、と。

これだと身に沁みてこないでしょうか？　賃労働をやっているだけではありません。賃労働による苦痛をえてこそ、すなわち身も心も破壊してこそ一人前である、賃労働していても楽そうにこなしていては人間としてどうか、というプレッシャーがあるわけです。大阪では破壊的なネオリベラル政党が行政を掌握して長いですが、初期のとくにその政治勢力が攻撃的であったころには、社会の雰囲気もいま以上に険悪なものとなりました。そのときはたとえば、役所の職員が外でタバコを吸っていると、市民から怠けていると通報されるなどというようなエピソードもよく耳にしました。こういうことは、ネオリベラリズムの進展とともに(8)、とくに公務員に対しては起こりがちですよね。働いていないと、しかも死ぬほど働いていないと人間的に正しくないという倒錯した発想は、「過労死」という外国語に翻訳できないような特異な現象を生みだす日本ではもちろん強力です。しかし、日本だけの現象ではないのです。

ここまでくると、「エッセンシャル・ワークの逆説」をもたらす歴史的背景はあきらかです。

(1)仕事はそれだけで価値がある。無意味で苦痛であればあるほど価値がある。人間を一人前の人間にするものであり、それはモラルなのだ。

(2)なんらかの無からの創造にかかわるものこそが労働であり、ケアにかかわる仕事は本来、それ自体が報いであり(やりがいという報いがえられる)、それを支えるものであって本来無償のものである。

このような発想が、「その労働が他者の助けとなり他者に便益を提供するものであればあるほど、そしてつくりだされる社会的価値が高ければ高いほど、おそらくそれに与えられる報酬はより少なくなる」といった倒錯が倒錯とみなされずスルーされ、それどころかそうあるべきであると人に観念させるのです。

---

(1) https://kotobank.jp/word/3K労働-801899

(2) グレーバーが使用しているのは以下。 Eilís Lawlor Helen Kersley, and Susan Steed, A Bit Rich: Calculating the Real Value to Society of Different Professions, New Economics Foundation, 2009 (https://neweconomics.org/uploads/files/8c16eabdbadf83ca79_ojm6b0fzh.pdf.)

(3) Lenart J. Kučić, “David Graeber on harmful jobs, odious debt, and fascists who believe in global warming,” Disenz (May 16, 2020)(https://www.disenz.net/en/david-graeber-on-harmful-jobs-odious-debt-and-fascists-who-believe-in-global-warming/)

(4) Celine McNicholas and Margaret Poydock, “Who are essential workers?,” (May 19, 2020)(https://www.epi.org/blog/who-are-essential-workers-a-comprehensive-look-at-their-wages-demographics-and-unionization-rates/)

(5) こうした感情にグレーバーは「道徳羨望（moral envy）」という名を与えています（第七章）。立派なおこない、意味のあるおこないとみると、それを、なにか難癖をつけてひきずりおろさないとすまない感情です。この概念は、現代人の精神状況を説明するときもとても利用しがいのあるものだとおもいます。

（6）日本では、教師が聖職者であるか、労働者であるか、あるいは専門職であるか、といった議論があることをここで注記しておきます。

（7）これもあまり展開できませんでしたが、サービス（奉公）という概念はもともと、ヨーロッパ封建制においては特別な意味をもっています。いまのサービス労働のサービスも、もとはといえばヨーロッパの封建制に直接の由来をもっているのです。

（8）もちろんそれ以前からありました。ただしこういう批判――ネオリベラリズムによる破壊を先導した例としては、国鉄職員がどれほど好遇で怠けているかの、マスコミをあげての大キャンペーン――があったことを忘れてはならないとおもいます（このパターンはいまだに反復されています）。わたしたちはいま、こうしたネオリベラリズムと親和性の高いステレオタイプの流布による「プロパガンダ」だけでなく、「好遇で怠けている」とみられるような状況の内実を、働き手たちの権利の獲得の積み重ね――とりわけ自由時間の獲得という伝統――に対するひとつの悪意ある攻撃とみなす視点も必要かとおもいます。

第8講　ブルシット・ジョブとベーシック・インカム

エッセンシャル・ワークとジェンダー

前講のテーマは、実はジェンダーの問題に深くかかわっています。もともと、神学的な労働の観念は、創造主である神が父であるように、あるいはイエスが男性であるように、生産の主体を男性に配分してきました。

とはいえ、先ほどみたヨーロッパの封建制では、貴族階級においては、女性男性ともに、「サービス」にかかわる仕事をおこなっていましたし、また農民においては女性も男性とともに生産にもかかわっていました。それが資本主義の成立過程でどう変化するのか？　フェミニストの歴史家シルヴィア・フェデリーチはつぎのように整理しています。

（i）女性の労働と女性の再生産機能を労働力の再生産に従属させる、あらたな性別分業の発展

（ii）賃労働からの女性の排除と女性の男性への従属を基盤とする、あらたな家父長制体制

の構築

(iii)プロレタリアートの身体の機械化とその変容——女性の場合それは、あたらしい労働者を生産する機械への変容を意味した[1]

フェデリーチも、グレーバーとおなじアプローチをとっています。つまり、ヨーロッパの中世末期には、農民たちがかつてなく力をもち、自律化の動きを強めていきました（マルクスも、14～15世紀を農民の黄金時代といっています）[2]。中世末期における商業や貨幣経済の発展はダイレクトに資本主義にむすびついていたわけではありません。それは封建制を解体させるいっぽうで、農民の政治的・経済的自律を高めていきました。このとき、市場経済の発達は、農村共同体を解体させるよりは、むしろ農民たちの共同体的倫理を促進させる役割をはたします[3]。さらに14世紀のペストの流行は、農民人口を激減させたため、それがまた稀少な労働力としての農民の力を高めました。理論家の関曠野《ひろの》さんはつぎのようにいっています。「最もありそうなことは、この危機が長期的には農民層によって超克され、農民と都市細民層の共和制が封建支配にとって替わることであった。その場合には西欧経済には農村の『道徳経済《モラル・エコノミー》』の刻印が押されて、商業は消滅こそしないものの、この経済を補完し最適化する機能を果すことになった筈である」[4]。そして、こうした自律化を強める農村共同体の中核において重要な役割をはたしていたのが女性たちでした。フェデリーチによれば、資本主義は、この過程への反動です。つまり、その過程を封じるさまざまなレベルでの動きの積み重ねによって、資本主義は形成されていくのです。共有地を所有地として囲い込み、生活手段を剝奪することを通して、農民たちの賃金への依存を余儀なくさせ、女性がみずから管理していた生殖の過程を奪い——その一環が魔女狩りです——、その身体を国家の管理のもとにおくと同時に、生産の場所からも排除していく。こうして農村は自律の基盤を解体させられます。この過程のはてに、労働が主要にモノの生産にかかわるものとみなされ、女性はその生産領域から排除され、「私的領域」つまり家庭内で、その労働力を生産（出産、いわゆる「生む機械」です）し、再生産する（養育し世話をする）役割へと還元されていく。つまり、女性の広範囲にわたっていた活動が「私的領域」に閉じ込められ、（「愛の名のもとに」）無償化され、あるいは価値が切り下げられるのです。そしてその活動が現在のようにますます市場化されていったとしても、その価値は低いままであり、その価値の低さは、いまだその担い手の多くが女性であるということとかかわっています[5]（国連の報告によれば、世界の医療・介護従事者の約70％を女性が占めています）。

コロナ禍が「エッセンシャル・ワーク」として浮上させたかなりの部分が、このケアに属するものでした。グレーバーは、２０２０年５月に『リベラシオン』紙に掲載された長めのエッセイでつぎのように述べています。

現在の危機によってひとつの結論をみちびきだしうるとすれば、古典的な意味での「生産的」な――つまり、それまでは存在しなかった物理的対象を作りだすという意味での――仕事は、ごく一握りにすぎないということである。もっとも必要不可欠な仕事の割合においてもそうなのだ。そして、ほとんどの「エッセンシャルな」仕事は、実際にはさまざまなかたちのケアのつらなりである。つまり、だれかの世話をしたり、病気の人の世話をしたり、生徒に教えたり、移動したり、修理したり、掃除したり、モノを保全したり、他の生き物のニーズを提供したり、その繁殖できる条件を確保したり(6)

「家事労働に賃金を」

ここでリスト化されたケアの系列にある活動は、先ほどふれましたが、フェミニズムの文脈では「再生産労働」と呼ばれてきたものとおおよそ重なっています。「再生産労働」とは、「モノの生産」としての労働にあたる労働力をそもそも生産(出産)し、養育し、精神と身体の両面を支えるための、家事をはじめとするさまざまな活動を指しています。この次元を、たんに労働力を再生産するにとどまらず、このわたしたちの世界の維持に対する根源的寄与として認識する発想の根源には、「再生産労働」を俎上にあげたフェミニズムの系譜がひとつにはあります。

その系譜のなかでは「家事労働に賃金を」というスローガンが有名ですが(7)、『ブルシット・ジョブ』にはその運動の潮流に属していたキャンディという活動家の女性が登場して、1980年代に国際家事労働賃金運動(International Wages for Housework Movement)に参加したその経験から、この運動やそこで提起されたあたらしい世界の見方の意義を語っています。

キャンディによれば、この潮流は「家事に対して賃金を」と要求することで、世界の見方を変えようとしました。たしかに賃労働システムは、グローバルな規模で人々の労働を搾取します。以前述べたように、レイシズムやナショナリズムが資本主義社会につきものなのは、ひとつにはグローバルな規模で労働者のあいだに分断を生みだし、労働者のあいだでの競争を通して賃金や労働条件を低劣なまま維持し、差別に由来する反感を通じてこの搾取への体制を保全することにあります。彼女たちは、それだけではなく、賃労働システムは、時間で測定できる労働とそうではない労働を分断すると指摘しました。このシステムはその「本当ではない」労働なしには一瞬たりとも存在しえないにもかかわらず。

キャンディの属していたフェミニズムの潮流は、「家事」そのものをひとつの労働(「家事労働」)として、ひいては(価格のついた)価値の形成に寄与する労働としてあぶりだしました。

家事に対して賃金を要求することによって、「家事」の意味は一挙に「労働」へと転換するのみならず、その領域そのものが問題ぶくみの（葛藤にさらされ、闘争につらぬかれた）領域として浮上したのです。家事とは利潤をふくむ価値形成に寄与するひとつの労働ですが、資本主義的生産様式の支配する社会のもとにあって、その領域とそれを構成する諸活動は女性の属性の「自然の発露」――女性は本質的に、愛をもって子どもを産み育て、夫を支えるものだなど――として不可視化され、すなわち無償化され、そしてその価値を切り下げられてきました。その活動にあらためて賃金を要求することで、彼女たちは、この主要にケアの領域にかかわる活動やその前提をジェンダーに絡んで権力や搾取の行使される政治として認識させたのです。そしてそのような作業を通して、その再生産領域の諸活動にひそむ社会的価値を深く認識させるとともに、その活動からそれにまつわるジェンダーや資本がらみの支配―従属関係を解除しようとしたといえるとおもいます(8)。

グレーバーがこのフェミニズムの潮流に多大なる影響を受けていることはまちがいありません。

ただし、キャンディたちもいっていますが、「家事労働に賃金を」という要求は、そのスローガンを政策的に実現させるよりも、「挑発」のほうに、つまり、以上にみてきた世界の見方の変容のほうに、より比重をおいていました。それがもし本当に実現するならば、この再生産の領域、ひいてはケアの領域まで商品化の論理に巻き込まれてしまうことになります（実際に起きていることですが）。当時このスローガンに対して女性たちが示した抵抗も理解できると、キャンディは述べています。そしてそこから、ベーシック・インカムの要求へとすすんでいったというのです。

「価値」と「諸価値」

ここでグレーバーの価値についての議論に少し戻ってみたいとおもいます。グレーバーは、valueとvalues、つまり価値と諸価値という二つの観念の対立を検討しながら、議論をすすめています。アメリカ合衆国でよく使われる対立です。たとえば、family values（家族観、家族の諸価値）は、フェミニストとかLGBTのように家族を破壊しようとするやからを撃退し、伝統的家族の価値（伝統的家族観、traditional family values）を守ろう、といった具合に、おもに保守派や右派によって使用されます。それに対して単数の価値valueはおおよそ市場価値に対応します。複数の価値は社会的価値です。複数形の価値は、先ほどから付記しているように「価値観」と訳されたりしますし、それでとりあえず妥当だったりもします。というのも、市場価値は一応、市場の価格メカニズムによって「客観的に」決定されるものであり、当該社会が模範とする家族をなによりも大切におもうのは主観に属するものだからです。しかし、せんじつめれば価値とは意識における現象です。とくに、人類学的価値論においては、市場価値と社会的価値の分裂を相対化して、それらが少なくともこれほどするどく対立しない、より普遍的な価値の平面を問題にしようとするものですから、わたしたちは基本的に「価値」と「諸価値」と訳しています。

先ほどからの議論でいえば、ここでいう価値は生産領域における価値、諸価値は再生産領域における価値というふうにおおまかに該当するでしょう。これもまた、おおまかにいえば、かたやモノをつくり、かたや人間をつくります。

グレーバーはマルクスやフェミニズムのインパクトを受けとめつつ、人類学を通して価値論をあらたに練りあげました。

そもそも未開社会では、先ほども述べたように、これらの二つの領域が資本主義社会のようにするどく区別されません。モノの生産だけが生産であり、人間の生産は生産を支える活動であるとはみなさないのです。たとえば、未開社会では人間の形成に寄与した活動に貨幣が付与されることもあります。つまり、未開社会では、あるいは非資本主義社会では、人間の生産が重視されることもあるのです。これを、人間が手段ではなく目的そのものになるといった表現をします。

マルクスは、そのキャリアの初期から『資本論』を執筆する後期にいたる中間のあたりで、エンゲルスとともに『ドイツ・イデオロギー』というテキストを書いています（生前は公刊されなかった草稿です）。そこでマルクスは、生産のうちに物質財の生産のみならず、「人間存在自身」の生産、そして社会的諸関係の生産もふくめています(9)。

もう少しあとのテキストですが、『経済学批判要綱』という『資本論』のために書かれた膨大なノートのなかの有名な「資本主義的生産に先行する諸形態」では、古代ギリシアが例にあげられ、たとえ「経済」が問題になっていても、つねにそこでは富が生産の目的ではなく、人間の生産、すなわち、人間の陶冶《とうや》が目的となっていると強調されています。

「古代人のもとでは、どのような形態の土地所有等々が最も生産的であり、最大の富をつくりだすか、というような追求が見いだされることはけっしてない。富は生産の目的としては現われないのである（中略）追求されたのは、つねに、どのような様式の所有が最良の国家市民をつくりだすか、ということである」。そして、お金のために人間が道具のようになっている近代より、古代ギリシアのほうが高尚なのではないか、と問います。「そこで、いかに偏狭な民族的、宗教的、政治的規定を受けていようとも、人間がつねに生産の目的として現われている古代の考え方は、生産が人間の目的として現われ、富が生産の目的として現われている近代世界に対比すれば、はるかに高尚なものであるように思われるのである」［強調引用者］(10)。

むずかしいことをいってそうですが、古代ギリシアでは、生産は富の獲得やその増大、蓄積を目的にするのではなく、あくまで人間の形成を目的とするのであって、富はその手段にすぎなかった、ということがいわれています。「人材」という言葉がありますよね。これは人間を利益獲得のための「材料」のように捉えるといったニュアンスがあります。だからそれに「人財」という言い方が対置されることもあります。これはあまりなんというか、深みのある対立とはいえませんが、それでも人間をお金という目的のための手段とするのか、それともお金を人間という目的のための手段とするのか、といった考えのちがいが影響していますす。ただし、ことはもう少しややこしくて、いくら露骨に人間が利潤のための使い捨てになっている苛烈な資本主義社会とはいえ、建前は、人間のためだ、という口実を掲げられているのですよね。その場合、必要な犠牲と意味づけられます。先ほど述べた「雇用創出イデオロギー」も、こうした発想をまぬかれません。というのも、それは人間が道具となるのは人間が目的だからだ、といっているようなものだからです。

さて、マルクスのヴィジョンがもっとも凝縮されているのが、「ゴータ綱領批判」という晩年のテキストであり、そこで提示された「各人は能力に応じて、各人には必要に応じて」という定式です(11)。

コミュニズム社会のより高度の段階で、すなわち諸個人が分業に奴隷的に従属することがなくなり、それとともに精神労働と肉体労働との対立もなくなったのち、労働がたんに生活のための手段であるだけでなく、労働そのものが第一の生命欲求になったのち、個人の全面的な発展にともなって、またその生産諸力も増大し、協同的富のあらゆる泉がいっそう豊かに湧きでるようになったのち——そのときはじめてブルジョア的権利の狭い限界を完全に踏みこえることができ、社会はその旗の上にこう書くことができる。各人はその能力に応じて、各人にはその必要に応じて!(12)

マルクスは、資本主義社会のもとでは、人は「こっくりさん」をやっているようなものだと考えていました。つまり、わたしたちは、なにをどう製造しているのか、どこでどう売られているのか、どこまで利潤が生まれているのか、どのようにじぶんに分配されているのか、みずからの生産物が社会的にどのような意味をもっているのか、なぜこの商品はこの価格なのか、ほとんどなにも知らないまま、みずからの労働力を商品化し、貨幣というかたちでの報酬に動かされて生きています(余剰の取得が「経済内強制」によっておこなわれているからです)。ところが、この引用部分の前段階に位置する「低次のコミュニズム」においては、すでにわたしたちはそういう段階を脱しています。たとえば、4時間分働いたからその分の労働証書をもらって、それを使って、別の4時間分の労働量の投入されたモノと交換するとか、そういうかたちで搾取がなくなった社会です。このような社会は、わたしたちが協働することで動いているし、わたしたちがそれにどのようにどの程度貢献しているのかはみえるようになっています。でも、それはまだ価値法則に支配されている、つまり、わたしたちの具体的な活動が抽象化され一般化される仕組みのもとにおかれているのです。要するに、じぶんが対価としてうるものは、じぶんが労働として与えた分量に等しいとされるのです。これはせんじつめると、貨幣によって抽象化された市場的交換の論理に支配されているわけです(13)。

それに対して、この「ブルジョア的権利の狭い限界を完全に踏みこえる」ことができたとき、「各人はその能力に応じて、各人にはその必要に応じて！」という、本来の(高次の)コミュニズムの論理によってはじめて社会は支配されるのです。そこでは人はみずからの能力に応じて、ということは、人はみずからの裁量によって、つまり能力のおもむくままに働くのですが、その対価は、その働きとは無関係となる。ここでは等価の原理そのものが作動していません。これがコミュニズム、というより、コミュニズムの社会のなかで可能になる原理なのです。

なにかとんでもないことをいっているようにみえるかもしれません。しかし、たとえば限界だらけだとしても、現代の健康保険の考えにはこのような発想が影響していることはあきらかです。そこでは、労働するだけの能力のある者が働いて、病気で働けない者は必要なものを受け取るといった考えがあることがわかるでしょう。あるいは、先ほども少しふれましたが、労働組合がどのように機能しているかを考えてみてもよいでしょう。ある職場で、その職務に適合する尺度によって「有能」な人とそうでない「無能」な人の区別はかならず生まれます。そのような「能力」の差異、すなわち労働者間の「生産への寄与」によってヒエラルキーが設定されることを阻止することに労働組合の重大な機能があります。アナキストのクロポトキンの言葉を用いれば、いわば「相互扶助」的次元です。

それでも、ここに問題があるとしたらなんでしょうか。まず、このマルクスのコミュニズムが「未来像」であることです。生産諸関係の桎梏《しっこく》から解放された生産力の増大が稀少性の論理を克服してはじめて拓かれる、ゆたかな社会を前提としていること、そして、その条件のもとではじめて「各人はその能力に応じて、各人にはその必要に応じて」という論理が作動するといった展望であることです。すなわち、それが、「革命」のような出来事を通して、そしてその解釈はさまざまでしょうが「プロレタリア独裁」のような過程をへて、たとえば生産手段の共同所有がより深化する社会において、はじめてはたらく論理ということです。

これは最初のほうで述べたように、ケインズの100年後のヴィジョンととても似ています。ケインズもわたしたちのこの時代には「経済問題」が解決されている、だから労働から解放されているというふうに考えていましたよね。ここでいう「経済問題」とは稀少性のことであり、それが解決されているということは、この稀少性の問題が克服されているということです。ただし、それは未来のことです。そのまえに必要な過程がある。つまり、望ましい社会の実現のためには必要な過程がある。マルクス派の場合、その発想を突いて20世紀のスターリニズム体制という、おそるべき倒錯が生まれました。ケインズの場合も、先ほどみたような前BSJ型「雇用目的仕事」の増殖と官僚制国家をもたらしました。この落とし穴をネオリベラリズムはつつきながら、大躍進を遂げるわけです。

「基盤的コミュニズム」の論理

それに対して、グレーバーは、「各人はその能力に応じて、各人にはその必要に応じて」は、直接にコミュニズムの論理である、といいます。グレーバーによれば、コミュニズムとは未来像ではなく、わたしたちの日常にすでに存在し、それだけではなく、わたしたちの日常の基盤をなしているなにかなのです。だからグレーバーは、コミュニズムを「基盤的コミュニズム」と表現します。それは現実に内在して、現実のうちで作動している論理、わたしたちが日常生活を営むなかですでに作動しているモラルの原理、しかも、社会そのものを成立させている論理なのです。身の回りをみわたしてみましょう。家族はもちろん、友人、そして職場さえも、そのかなりの部分が、「能力に応じて、必要に応じて」の論理で動いていることがわかります。資本主義の最先端の企業においてさえも例外ではないのです。ペンの貸し借りやコピーをとること、身内の不幸の欠勤の穴埋めをすること、こうした営みが、いちいち決済可能なやりとりを通しておこなわれているわけではないのですから。

ここでのコミュニズムの領域は、ケアの領域でもあるし、人間あるいは人間のあいだの関係を生産するという領域でもあります。再確認になりますが、マルクスはそれを未来社会に展望しましたが、多くの社会がこのような人間を目的とした活動の次元とモノをもたらす活動の次元をおなじ価値として捉えていました。それを価値と諸価値、市場価値と社会的価値に分裂させるのが、資本主義社会なわけです。

ここまでもみてきたような、人がなぜ好遇であっても評価が高くてもBSJに安穏としていられないかという問いに、ひとつの最終的な回答を与えることができます。それは、どんな「悪人」でも、どんなに「利己的」な人間でも、わたしたちがコミュニズムを人生の基盤として生きているからなのです。

普遍的ベーシック・インカムが解放するもの

グレーバーは、ベーシック・インカムを介して、この多数の人を苦しめている、そしてわたしたちの社会を殺伐とさせている一因としてのＢＳＪの増殖を、労働から解放のヴィジョンによって乗り越えていく道筋を示しています。

グレーバーが念頭においているのは、普遍的ベーシック・インカム（Universal Basic Income：以下ＵＢＩ）です。つまり、所得の高低にかかわらず、無条件に所得保障をおこなうというものです。

これはある意味で、ケインズのヴィジョンが実はいま実現可能であるとして、どうすればそれができるのか、ひとつの具体的イメージをつくってみること、そして、ケインズが思案してみせた労働から解放された人間のあり方をみんなで想像してみようということの呼びかけです。

グレーバーは、本当はこうした具体的提案のようなものはなるべくしたくなかったといいます。ひとつにはもちろん、未来を予言し、その青写真によって人々を手引きするという知識人像をアナキストであるかれは拒絶しているからです。そしてもうひとつ、これはよくわかるのですが、かれもいうように、こうした提案をしてしまうと、そこに注目が集まり、最悪の場合、その「解決策」ばかり読んで――ミステリーで、発端を読んでからすぐに解決部分を読むようなものです――、それでその仕事を判断されてしまうからです。それに、ベーシック・インカムというと、いまや右派の政治家すら、打ち出の小槌のごとく解決策としてふりまわす傾向にあります。だから、注意が必要です。

たとえば、２０２０年、コロナ禍のなかで、ひと月７万円のＢＩがネオリベラルの知識人であり政治家でもある人物から提案され、おおかたのひんしゅくをかいました。７万円では暮らしていけませんから、生活のために働かねばなりません。ところが、７万円の保障があるものだから、それでさまざまの社会保障は削減されるでしょうし、賃金も下げられるでしょう。いま以上に劣悪な条件で働かなければならないかもしれません。しかも、保障の質も低下していきます。ＢＩそのものは地獄も招きかねないということです。だから、ＢＩそれ自体ではなく、どんなＢＩか、どんなヴィジョンのもとにあるＢＩかを問うことが大切なのです。

グレーバーがここでＵＢＩをひきあいにだしている真意は、これまでみてきたように、わたしたちのなかに強力に根づいたコスモロジー、このブルシットなゲームを駆動している世界観を相対化し、わたしたちの想像力を解放する呼びかけにあるとおもいます。

グレーバーにとって、ＵＢＩは、ＢＳＪ現象の解消への道筋を、官僚制ひいては国家から解放される道筋とともに想像することを可能にしてくれます。アナキストであるグレーバーにとって、国家の統制による解決は望ましいものではありません。「国家を徐々に小さくしていきながら、同時に状況を改善し、人々をしてより自由なかたちでシステムに挑戦するように仕向ける」。かれはそのような可能性をＵＢＩにみています。というか、国家や政府の統制による解決こそ、より多くのＢＳＪをつくりだすということはみてきました。たとえば、福祉国家はたしかに人類の達成したひとつの成果であるのかもしれません。しかしそれは、巨大な官僚制を生みだしました。保障の条件を確認するため、人は監視され、管理され、その都度、その条件を充たす資格の有無を判定されました。そして、そのためのお役人とお役所仕事も膨大なものにのぼりました。くり返すと、そのような弱点にネオリベラリズムはつけこんだわけです。

ケアリングが「クソ仕事」になるとき

先ほどの「家事労働賃金運動」に携わっていたキャンディは、家事労働に対する賃金という発想へのアンドレ・ゴルツというフランスの理論家の批判に感銘を受けたといっています。その批判とは、ケア活動《ケアリング》に貨幣的価値を与えてしまうならば、その活動はすべてクソみたいなものになる、というものです。キャンディがゴルツをひきあいにだすのは、グレーバーがケアリングの数量化不可能性について話をしたとき、おなじことをゴルツが40年前にいっていたことをおもいだすからです。そのゴルツは、それとともにＵＢＩをすすめていました。キャンディは、そのような道筋をたどっているのです[14]。

ゴルツによれば、ＵＢＩが拓くのは「非改良主義的改良」の道です。つまり、いまあるフレームはそのままでその条件を向上させるという改良主義ではなく、フレームそのものの変革を改良が改良を生むというかたちで、そしてやがて別の宇宙にいたるという具合にすすめていくという意味での「改良」です。

ときにUBIには、国家を通してやるのだから国家を肥大化するのではないか、とか、その保障のための税源はどうなるのか、といった疑義がよせられます。しかし、グレーバーもいうように、これまでみてきた、たとえば失業者にさまざまなハードルをつくり、たらいまわしにし、屈辱を与えながら保障の取得を断念させるさいに必要な、多数の人員とお役所仕事はただちにすべてお払い箱になります。もちろん、先ほどあげたレスリーのような人はそれを望んでいるでしょう。そして彼女たちが、たとえ仕事を失ったとしても、その暮らしはBIによって保障されています。

税源についても、こう考えられます。十分に生活可能なだけの所得保障が与えられるならば、いまでいう「クソ仕事」はだれもやりたくないので賃金率を上昇させることが予想できます。魅力的で社会的価値もある仕事は、賃金率を下げるでしょう。基本的ニーズはすでに充たされているのだから、そうした仕事で稼ぐ必要はないからです。「クソ仕事」は賃金が高いので（となると、もはや「クソ仕事」ではないのですが）、経営者は人を雇わなくてすむよう、なるべく自動化しようとするでしょう。グレーバーもいうように、機械にゆだねられる仕事が自動化されないのは、おなじ仕事を低コストでやる労働力があるからなんですよね。だったら、コストをかけて機械を開発したり導入したりするより、そんな労働力に仕事をやらせたほうがよいとなるでしょう。もし、そうした労働力が確保できなくなれば、機械のやれる単調な仕事は総じて自動化されていくと予想されます。

いっぽうで、望ましい仕事への賃金は、ついにはゼロにまで低落するでしょう。というのも、ベーシック・インカムが基本的ニーズを供給してくれるとすれば、人はそれを無償でもやるからです。そして、ゴルツはまた、これまで市場化されていた多くの生産やサービスは、人々が自由な時間でおこなう活動によっておこなわれていくだろう、とみています。こうして徐々に賃労働は消えていくでしょう。BSJだったら、なおさらです[15]。

いつでも「辞めてやる」といえるように

グレーバーは、このUBIを想像することで、BSJ現象が形成していたサドマゾヒズム状況も脱出することができるといっています。この点はこれまでふれていませんでしたが、グレーバーはBSJのもたらす精神的状況のひとつに、職場の日常的サドマゾヒズム状況をあげ、フロム的精神分析の延長上ですすめられたフェミニズムの分析を応用していました。小規模の厳格なヒエラルキー的状況のなかでは、セクシュアルではないSM状況が日常化するという分析です。これは軍隊のような場所では極端なかたちでみいだせるでしょうが（軍隊でのいじめ問題はどこでも深刻です）、ヒエラルキーのためのヒエラルキーがあたりまえのように（たとえば、偉そうな人間を偉そうにするための仕事があるというような）なる状況では、それはどこでもはびこります。ヒエラルキーのためのヒエラルキーを好む、閉鎖的である、モラルの倒錯性が強力である（たとえば、幸せにするための規則が、規則のために幸せを犠牲にするという発想に容易に転化する）などの条件を備えた日本は、こうした日常的サドマゾヒズムの土壌の肥沃さにかけては世界でも有数でしょう。グレーバーもいうように、この問題を深刻化させるのは、ゲームを降りることができないという点にあります。それが、実際のＳＭプレイ（ゲームをやめるサインの取り決めがある）と日常的サドマゾヒズムを分かつ点であり、後者を「しゃれにならない」ものにしています。「辞めてやる」となかなかいえないということですね。

この相手が「辞めてやる」といえないことが、また人をサディスティクにしてしまう条件だとおもいます。いじめもそう。相手が逃げられないことがわかっている閉鎖環境だからこそ、ますますいじめは昂じていきます。これはだれしも無縁ではないワナだとおもいます。わかっていてもいじめてしまう。相手が逃げられなくて恐怖で縮んでいると、ますますなにかいらいらして、叱責が強くなる。こういう経験は（加害側か被害側かはともかく）だれだってあるとおもいます。いつでも逃げられるなら、こうした、だれも幸福にしないサディズムのゲームを最小化することができるでしょう。

ベーシック・インカムが生み出す「幸福な社会」

それにしても、ここでグレーバーのヴィジョンがいちばん魅力的なのは、以下のようなところです。BIへの批判として、そんななにもしないで収入を与えたら、みんな怠惰でぶくぶくになるか、あるいはばかげたことばかりしてしまうだろう、というものをとりあげて、かれはこういいます。

なるほどかれらはおそらく社会に貢献することを望むであろう、だが、そうするとみんなばかげたことをやりはじめて、あげくのはてに、社会は、どこもかしこも、へたくそな詩人、はた迷惑なストリート・ミュージシャン、路上パントマイマー、そしてイカレた永久動力とかなんだかわけのわからない発明家であふれてしまうにちがいない、と。たしかにその予測は、ぜんぶ外れているというわけではないとおもいます。しかし、考えてみてください。かりに四〇パーセントの人々がすでにじぶんたちの仕事はまったくもって無駄だと考えているのだとすれば、いまよりも悪くなっていくことがあるでしょうか？　少なくとも、一日中書類を埋めるよりは、そうしたばかげたことをする

方が、はるかに幸せなことではあるはずです(16)

このイカれた発明家とかパフォーマーなどのイメージで、わたしがすぐにおもいだしたのは、大阪の朝のワイドショーでやっている「となりの人間国宝さん」というコーナーです。これは、円広志とか月亭八光といった、こうした「一般人」にからませたら超絶的能力を発揮する人たちが、いっぷう変わったおもしろいことをやっている人物を関西の町を歩いて探していくというものです。一時期、それがとにかくおもしろくてよくみていたのですが、どの町にもびっくりするようなことをやっている人がうじゃうじゃ湧いてでることです。われわれの知らないようなジャンルで世界一とか、おかしな発明に熱中している人とか、家を改造してとんでもないプロジェクトに邁進している人とか、まるで見知ったものとは別の世界がそこにはあるかのようなのです。とくに関西だけが――もちろん相対的に多いということはあるかもしれませんが――そんな「奇人変人」にあふれているというわけではないとおもいます。こうした人たちであふれる世界、そうした人たちの一員となれる世界というのは、したくもない職場でいやな上司にいじめられて、たまの休みではぐったり寝てすごしたり、あるいはYouTubeでネコの動画をぼーっとみてるとか（まあ、これはわたしですが）、そういう世界よりはわくわくしないでしょうか。

（1）Silvia Federici, Caliban and the Witch, Autonomedia, 2014（小田原琳、後藤あゆみ訳『キャリバンと魔女——資本主義に抗する女性の身体』以文社、２０１７年）

（2）『資本論』第1巻第7篇第24章第2節

（3）市場経済の展開＝資本主義の展開ではないという点については、『負債論』第11章をごらんください。

（4）関曠野『資本主義——その過去・現在・未来』（影書房、１９８５年、21〜22ページ）

（5）Kevin Sapere, "Covid-19 has made housework more visible, but it still isn't valued," The Washington Post (Apr. 8, 2021)(https://www.washingtonpost.com/outlook/2021/04/08/covid-19-has-made-housework-more-visible-it-still-isnt-valued/)

（6）David Graeber, "Vers une «bullshit economy»," Libération (May 27, 2020)(https://www.liberation.fr/debats/2020/05/27/vers-une-bullshit-economy_1789579)（片岡大右訳「コロナ後の世界と『ブルシット・エコノミー』」〈http://www.ibunsha.co.jp/contents/graeber02/〉）

（7）この第二波フェミニズムの異端派の運動は、１９７２年にイタリアのパドヴァで開催され6ヵ国の女性が参加したフェミニスト・グループ「インターナショナル・フェミニスト・コレクティブ（ＩＦＣ）」の会合ではじまっています。１９７１年に書かれたマリアローザ・ダラ・コスタとセルマ・ジェームズの「女性の力と共同体の破壊」という文書を運動の基盤にすえていました。このテキストは、家事が女性の抑圧の中心であるだけでなく、それがなければ男性による仕事もいっさい維持できないために、家庭外での労働とおなじ意味で、賃金を与えられるべき労働であると主張しました。

（8）基本的文献としては、マリアローザ・ダラ・コスタ『家事労働に賃金を——フェミニズムの新たな展望』（伊田久美子、伊藤公雄訳、インパクト出版会、１９８６年）があります。ほかに、ジョヴァンナ・フランカ・ダラ・コスタ『愛の労働』（伊田久美子訳、インパクト出版会、１９９１年）、マリアローザ・ダラ・コスタ、ジョヴァンナ・フランカ・ダラ・コスタ編『約束された発展？——国際債務政策と第三世界の女たち』（伊田久美子監訳、インパクト出版会、1995年）などがあります。

（9）『新編輯版ドイツ・イデオロギー』（廣松渉編訳、小林昌人補訳、岩波文庫、2002年、51〜55ページ）

（10）『マルクス　資本論草稿集2　1857‐58年の経済学草稿Ⅱ』（大月書店、1993年、137〜138ページ）

（11）この定式それ自体は、マルクスの独創によるものではなく、もともとルソーの影響のもとにあった18世紀のフランスのある著述家（エチエンヌ・ガブリエル・モレリー）の創作とされています。それが、19世紀前半のフランスのルイ・ブランらによって広められ、初期社会主義運動において普及していたところで、マルクスがさらに再定式化した、といった経緯をもっているようです。

（12）山辺健太郎訳「ゴータ綱領批判」『全集』19巻（大月書店、1968年、21ページ）

（13）ちなみに、これはしばしばコミュニズムに先立つソーシャリズムの段階とみなされていますが、マルクス自身はそのような区分をおこなっていません。それをおこなったのはレーニンです。拙稿「各人はその能力に応じて、各人にはその必要に応じて：コミュニズムはなぜ『基盤的』なのか？」『ニュクス』第5号（2018年）、『負債論』におけるコミュニズムと革命」『情況』第2巻、第1号（2019年）をみてください。

（14）ゴルツについては、『労働のメタモルフォーズ　働くことの意味を求めて——経済的理性批判』（真下俊樹訳、緑風出版、1997年）や、『資本主義・社会主義・エコロジー』（杉村裕史訳、新評論、1993年）などを参照してください。

（15）このヴィジョンはもともと、ロバート・ヴァン・デア・ヴィーンとフィリップ・ヴァン・パレースが、「資本主義を通したコミュニズムへの道」というかたちで提案していたものです。Robert J. van der Veen and Philippe van Parijs, "A Capitalist Road to Communism," を参照してください。

（16）David Graeber, 2018, "The Rise of Bullshit Jobs: An interview with David Graeber," Jacobin (Jun. 30, 2018)(https://jacobinmag.com/2018/06/bullshit-jobs-david-graeber-work-service)（芳賀達彦、森田和樹、酒井隆史訳「ブルシット・ジョブの上昇——デヴィッド・グレーバーへのインタビュー」『現代思想』2018年11月号）

おわりに――わたしたちには「想像力」がある

ＢＳＪは「反陰謀論」

最初に述べたように、２０１３年にウェブで公開された小論と、その反響をふまえ、『ブルシット・ジョブ』（英語版）が公刊されたのが、２０１８年でした。

そしてその後、２０２０年からはみなさんもご存じのように、いまなお終息のみえないＣＯＶＩＤ－19パンデミックが世界の姿を大きく変えているという事態です。

この経験がこの限界まできたようにみえるわたしたちの社会、資本の論理によって支配された社会になにをもたらすのか、いまのところ不明です。すっかりもとに戻るという楽観論は消え失せ、いまでは「ニューノーマル」あるいは「ニューアブノーマル」が語られています。

グレーバーは、ＢＳＪの増殖を、ケインズの予言が実現しそうになったとき、そのポテンシャルをシステムのトータルな変革へとむすびつけた１９６０年代の大衆運動バックラッシュの流れに位置づけていました。そしてその動きが、ネオリベラリズムというやはりバックラッシュの動きの一環としてあることをみてきました。

グレーバーは、『官僚制のユートピア』で、このように書いています。

ネオリベラリズムの墓碑銘を歴史学者たちが書き記すとして、経済的要求に対して政治的要求を体系的に優先させた形態の資本主義であった、という結論は避けられまい。すなわち、資本主義が唯一可能な経済システムであるようなみせかけを形成するであろう行動様式と、資本主義をより活力のある長期的経済システムとしての存在にしようとする行動様式のあいだの選択肢を前にして、ネオリベラリズムはつねに前者を選んできたのである。雇用の安定性を突き崩しながら労働時間を上昇させるといったやり方が、より生産力ある（いわんや、イノベーティヴであったり、献身的であったりする）労働力を形成するであろうか？　実状はこの正反対といってよいだろう。純粋に経済的観点からすれば、労働市場のネオリベラル改革の帰結は、ほとんど確実にネガティヴなものである。一九八〇年代と九〇年代の、世界のほとんどあらゆる地域での、経済成長率の全般的な低率が、この印象を高める傾向にある。ところが、労働を脱政治化することにかけては、それはめざましい成功を収めてきたのである。軍隊、警察、民間セキュリティ・サーヴィスの急成長についても、おなじことがいえる。それらはまったく不生産的である。つまり、資源の浪費以外のなにものでもない。資本主義のイデオロギー的勝利を保障するべく形成された装置の重量それ自体が、みずからの重みで当の資本主義を沈没させてしまうかもしれない。それも十分にありうるのだ。しかし、労せずしてわかるように、これらの装置は、まちがいなくネオリベラルのプロジェクトの重要な一部なのである。世界を支配する者たちの究極の要請が、いまあるものとは根本的に異なるであろう避けがたい救済的な未来への感覚の可能性を窒息させることにある、とするならば(1)

このテーマはいくつかのテキストで、しばしば少しの変化をつけて変奏されています。BSJ現象がこのネオリベラリズムのプロジェクトに組み込まれているとしても、ネオリベラルのだれかが計画したわけでも、設計図を書いて実現したわけでもありません。そんなことはネオリベラリズムの理論のうちにあるどころか、反しているのですから。

ネオリベラリズムが「経済理論」のようでいて、実は「政治的プロジェクト」であるという話はしてきました。そしてその政治の実際におこなっていることは、究極的には、「いまあるものとは根本的に異なるであろう避けがたい救済的な未来への感覚の可能性を窒息させること」にあります。BSJは、このようなプロジェクトのうちに発見され、その戦略のうちに統合されたといえるでしょう。だれかが計画したわけではありません。グレーバーが、

BSJ論は、反陰謀論だといってますよね。だれかが陰謀したわけではないのです。さまざまな部分的な積み重ねでできあがってきたシステムは、あきらかに欠陥があるようにみえるにもかかわらず、なぜだれもやめないのか、問題視すらしないのか、が問われているのですから。

ネオリベラリズムによる「絶望」の生産

ネオリベラリズムが可能性の封殺であるとして、もちろん、そのより大きな文脈には、資本主義があります。資本主義が、そのすべての正当性を枯渇させているという事態です。資本主義は、まだましなシステムであるとその擁護者にいわせていた三つの材料をすべて崩壊させてきました。まず、不平等はあるにしても全体が底上げされること、つぎに、テクノロジーの上昇が暮らし向きを上昇させること(2)。そして、強力な中産階級を形成することで社会を安定させることです(3)。

「ブルシット・ジョブ」のアイデアも、ひとつには臨界点に達しつつある資本主義がすでにその正当性を枯渇させ、「モラル」に依拠するしかないという想定にはじまっています。

グレーバーはあるインタビューで、つぎのように述べています。

システムはモラルによってつながれているだけだとわたしはますます確信していま す。非常に奇妙で歪んだモラルです。だからわたしは、負債のモラルについての本を一冊書き、仕事のモラルについての本をもう一冊書いたのです(4)

もちろん前者は『負債論』に、後者は『ブルシット・ジョブ』に結実しているわけです。前者はこの講義では、あまりとりあげませんでしたが、要するに、おまえがどんなに生活が厳しかろうが首をくくる寸前であろうが、内臓を売ることになろうが、借金は借金だろ、返済にこんなに苦労するほど借金しないと学歴がとれない社会ってなんだ、とか、なに世界を問い返してるんだよ⁉ 借りたもんは返すもんだ、これが人間の筋ってもんだろ、と、だいたいこういう感じです。詳しくは『負債論』を読んでください。もうひとつは今回、さんざんみてきました。仕事がむなしいだって? おまえふざけるなよ。この給料泥棒。仕事があるだけでもましだとおもえ。ましてや仕事の意味なんて、おまえ、イカれてんじゃないか? 世間はそれじゃ通らないよ。仕事をしてこそ一人前なんだから、と、こういうわけです。苦痛をへなくても生きていける、人間として成長できる、苦痛まみれの仕事でない仕事で生きていける世界がありうる、といった想像力のないところでは、こうしたサディズムまじりのモラルはますます強力になり、「健康のためには死んでもいい」的な倒錯が強固になります。

こういった発想が蔓延する背景には、グレーバーのいうように、こうした長年にわたるネオリベラリズムによる「絶望」の生産があります。ネオリベラリズムは、理念に掲げているはずの経済面にかんしては失敗つづきでした。ネオリベラリズムは、20世紀後半の社会主義体制やケインズ主義的福祉国家を「不効率」であると口をきわめてののしります。ところが、その成長率の指標だけでいえば、ネオリベラリズムを導入した経済は、それらの成果に接近したことすらありません。ところが、この「絶望」の生産にはものすごく成果をあげてきました。ミシェル・フーコーが監獄をめぐる権力分析でいったように、それは「失敗して成功した」のです。

その成功の結果、この資本主義システムがもはやお先真っ暗ではないか、という局面にいたって、わたしたちは、近代世界がずっと探索してきたはずの、ポスト資本主義への想像力を失っていたのです。『負債論』では、こういわれます。

現在のやり方ではこれからやっていけそうにないということがますます明確になってはじめて、わたしたちは突然、集合的な想像力の限界に突きあたっているのだ（中略）資本主義が実際に終わりつつあるという見通しに直面した時——自称「進歩派」であろうと——もっとも常識的な反応は、恐怖である。わたしたちはもはや、より劣悪でない選択

肢を想像することができないために、いまあるものにひたすらしがみついているのだ(5)

この言葉は、わたしたちにこそ、とりわけ迫ってこないでしょうか？　20世紀、いまからみればまだまだ資本主義も強健にみえたころ、資本主義とは別の世界を構想する議論も活発でした。このヒエラルキーの外、この腐敗の外、この破壊の外を、たくさんの人が希求し、行動もしました。

ところが、本当に資本主義はもはや老いた恐竜なのではないか、すでにその歴史的活力を使い果たしたのではないか、このシステムはみずからの重みで倒れそうになっているのではないか、だれがどこまで道連れになるのだろうか、そのように支配層まで心配をはじめたとき、わたしたちはかつてのようなそうした外への情熱を失っていたのです。そうなると、ストッパーもないので、若々しい活力も柔軟さも失った恐竜はますます荒れ狂いますよね。グレーバーの仕事は、この想像力の回復とさらなる発展にすべて捧げられてきたといっても過言ではないとおもいます。

「生命」と「経済」の密着関係

もちろん、パンデミックは気候変動のひとつの系、環境破壊のひとつの系であって、それを問題にしてきた人たちはずっと警告してきました。おそらく、世界の人々はかつてなく、このシステムに持続可能性はないと感じつつあります。グレーバーは、わたしたちのこの世界を、つぎのように描写しています。

資本主義的権力の大聖堂としての企業を考えてみてください。その所有者たちは、すでにもてるかぎりのあらゆる富と権力を保持しています。ある時点でほしいだけの、すべてのカネと快楽、すべての売春婦やコカインを手に入れたとしましょう。残されているのは、ただのエゴとナルシシズムだけです。意味のない雇われ人の軍団を、かれらがつくっているのはそのためです（中略）地球が滅びかけているのは、そんな連中がご満悦になるためになのです。かれらは、莫大な資源を吸い上げ、巨大なタワーを建設して、そこを無益な取り巻き《フランキー》で埋め尽くしています（中略）こんなことのために、毎年、あらゆる種の生命体が絶滅しつつあるのです。しかし、つきつめていえば、そんなことが起きているのは、かれらが他者の生をみじめなものにできてしまう立場にあるからこそです(6)

ネオリベラリズムに支配された各国諸政府は、利益にならないと、感染症対策のみならず医療制度そのものを削減してきました。こうして本当に先進国も大規模に巻き込むパンデミックがやってきます。

グローバル資本とそのエリートたちが最初にとった戦略は、「生命」と「経済」とをふりわけたうえで、「生命」のために「経済」をいったん停止させるというものでした。もちろん、それも「経済」の命法ありきであって、実際には、生命を維持する理由は経済のために必要だからです。こうして、「生命」と「経済」は、深いところで密着しているわけです。「経済」なくして暮らしなし、「経済」なくして生命なしといった、より深い観念があるのです。「経済」こそが暮らしにとって根本だとする発想は、政治的立場を問わず強力に浸透しています。そしてその「経済」はたいていの場合、資本主義経済あるいはそれに若干の修正をくわえた経済のことです。その社会のネオリベラリズムの度合いが強ければ強いほど——正確にいうと、ネオリベラリズムに浸食されていない領域が乏しければ乏しいほど——、「経済」の正常運営への圧力は強まります。その典型がブラジルであり、そしてすべてにわたってぐだぐだのわれらが日本です（本音は一瞬たりとも「経済」を止めたくないのです。ただ、そこでの「経済」のうちに居酒屋——居酒屋のない世界など考えられるでしょうか！——が入っていないだけなのです）。

グレーバーがBSJを論じるのは、そのような想像のフレームを破壊しなければならないという切迫した感覚のためです。

「ブルシット・エコノミー」に向かう世界

先ほど少しふれた、2020年5月に『リベラシオン』紙に掲載された長めのエッセイは、グレーバー生前の最後のテキストのひとつとなりました。かれはそこで、パンデミック状況をふまえて、あらためてBSJのテーマを論じ直します。

このエッセイは「ブルシット・エコノミー」という概念をタイトルにも掲げています。『ブルシット・ジョブ』にはこの用語は登場しません。実をいえば1ヵ所だけあらわれるのですが、その含意ははっきりしません。『リベラシオン』紙で、この概念はみごとに昇格して、このわたしたちの経済体制そのものを表現するものとなるのです。

かれはロックダウンによってまっさきにBSJにあたる機能が停止されたが、それでもほとんどなんの支障もなかったという確認から入ります。医療機関も、管理者なしでうまくまわりました（『ブルシット・ジョブ』でもふれられていますが、この現代社会にあってすらも、銀行が動かなくなったり、政府のトップが空位であったり、あるいは企業の経営者が長期にわたって不在となっても、うまくまわっていた事例には事欠きません）。「パンデミックの到来で最初に病院やクリニックを逃げ出したのは、会計監査人や生産性向上にかかわる専門家だった。それゆえ多数の前線での働き手や患者が、こうした管理者《マネジャー》ぬきのほうがうまく組織もまわるということに気づいたのである」。そんななかで、「経済」の再開はなにを意味するのか？　「経済」を再開させるということは、このＢＳＪ総体を動かすということです。

経済再開のかけ声が、じぶんたちの生命を危険にさらして会計監査人を職場復帰させようという要求にすぎないことはあきらかになった。常軌を逸しているとしかいいようがない。もし「経済」に実質的で具体的な意味があるとしたら、それはつまり、人間がたがいにケアをしあい、あらゆる意味で生存を維持するための手段であるということでなければならない。このあたらしい経済の定義にはなにが必要なのだろうか？　どんな指標が必要なのか？　それとも、すべての指標なるものをきっぱりと放棄すべきなのだろうか？　もしこの再定義が不可能であり、「経済」という概念が誤ったおもい込みにまみれているとすれば、ちょっと前には、**経済**なるものが存在しなかったことをおもいだせばよい。おそらく、この観念は、消滅の道をたどっているのである［強調引用者］(7)

「経済」の誕生と消滅

グレーバーは人類学者らしく、資本主義経済にとどまらず、「経済」の消滅も見通そうとしています。『負債論』の２０１４年版あとがきではこういっています。

「経済」と呼ばれるなにかが存在するという思想は比較的あたらしいものである。まさに今日、生まれた子どもたちは、もはや「経済」がなく、それらの問題がまったく異なった言語で検討される日を経験するだろうか？　そのような世界はいったいどのようなものだろうか？　わたしたちの立っている現在の地点からは、そのような世界を想像することさえむずかしい。だが、もしわたしたちが、一世代かそこらのあいだに人類全体を一掃してしまう危険のない世界を創造しようとするならば、まさにそのような規模でもろもろの事柄を想像し直しはじめねばならないだろう。そしてその過程において、わたしたちがもっとも大切にしている——たとえば仕事の価値あるいは負債を支払う美徳など——想定の多くが、転倒されていくはずである(8)

人類学者は「経済」なる現象が自律した現象として存立しうるのが、資本主義社会においてのみであるということを指摘してきました。『負債論』も膨大な裏づけをもって、それをあきらかにしています。それはおそらくお気づきのように、価値が社会的価値と市場価値に分裂するといった事態と関係しています。人類学者たちは、未開社会や非資本主義社会において、わたしたちが経済としてみなす貨幣や交換、生産の現象に、親族関係、宗教、政治などが不可分のかたちで絡んでいること、相互に浸透しあっている事態をみいだしてきました(9)。

「現実に生きていた大多数の人々にとって、『経済的事象』とは、政治、法、家庭生活、宗教と呼び習わされている幅広い事象の一つの様相にすぎなかったのだ」(10)。現在の意味の「経済」の観念が定着したのは19世紀で、それも最初期には、現在でいうエコロジーというふくみもあったのです。少なくとも固有の法則と原理をもつ自律的実体とみなしうる「経済」なるものが誕生して、たかだか200年にすぎないのであって、人類史においては、ごくごくわずかの時間です。もしかすると、その歴史が終わりつつあるのかもしれないし、それを想像することがいまとても大事なのだ、ということです。

ここでいわれていることが、ここまでいっしょに、かれの議論をみてきたわたしたちなら、少し深く理解できるのではないか、とおもいます。人間が生活するということ、豊かな生活を送るということと、「経済」とそれにつきまとうさまざまな観念——成長や発展、生産性——とは異なる、ということです。BSJ論の狙いのひとつは、左右の「雇用創出イデオロギー」の批判にありました。そこにはわたしたちの暮らしのためには「経済」の作動が必要だという観念が前提としてあります。そしてそれを動かそうとすると、この惑星的ブルシット機械がぎりぎりと動きはじめ、そしてこれまでみてきたありとあらゆる不条理劇が世界中で展開をはじめることになるわけです。

一瞬見えた「あたらしい世界」

パンデミック状況は、実地の経験を通して、わたしたちの暮らしはそうしたものがなくても成り立つのではないか、という発見をもたらしました。一瞬、別の世界がわたしたちの眼前にひらいたともいえるでしょう。そしておそらく、その経験は異常事態のなかの異例の経験であったという見解がどっとおしよせます。

でもいっぽうで、この経験は、以下の洞察につながっていく可能性があります。

もし「経済」に実質的な核心があるとしたら、わたしたちが相互にケアし健康で豊かで、不安や恐怖にさいなまれることのない、ストレスからも解放された生活を送ることであるはずだ、と。

これが、かくも富と技術と知の蓄積された時代にあって、それほどだいそれた願望でしょうか？　だいそれたものに映るとして、そうみせているものはなんなのでしょうか？

グレーバーのあとを追うように亡くなった、かれの師匠であるマーシャル・サーリンズが好んだという小話の一種を、グレーバーもしばしばひきあいにだしていました。

わたしたちにもよく知られた南の島の先住民のお話です。

かれらは昼間から寝そべっています。そこにヨーロッパからの旅行者がやってきます。きみたちは昼からそんなに怠けて、ちゃんと働きたまえよ、とかれらはいいます。なんのためにだい、と島の住民は問い返します。こうして昼間からビーチでのんびりできるだろう、と旅行者たち。それはもうおれたちがやってることじゃないか、と島の住民は返します、とこういったオチのつくお話です。

ここにはいまだ、わたしたちの抱える根深い考え方の不条理がひそんでいます。つまり、南の島の先住民はたんに昼間から寝ているんですよね。それは、小さいといえばあまりに小さなたのしみです。ひとつのブティックを買い占めるぐらいモノが欲しいとか、世界征服をしてありとあらゆる富をえたいとか、世界一周をしてありとあらゆる珍奇なものをみてみたいとか、そんな望みではありません。しかし、この金持ちの旅行者たちの望みもそれなのです。なんの心配もなしに、あくせくせずに、のんびりと南の島で遊びたいわけでしょう。これは考えてみればささいな願望です。わたしたちが仕事に疲弊しているとき、もう働きたくないとき、おそらく、望むのはこうしたことでしょう（多くの人が、なにか生活に嫌気がさすと「南の島にいきたい」と口走りますよね。たとえそれが幻想であろうと、あるいは「コロニアリズム」的態度がそこにあろうと、その願望にはなにか重要なものがひそんでいるのです）。それを実現するために、死ぬほどいやな上司のもとで働いたり、人間を大量殺戮したり、環境を破壊したり、その結果として感染症をふくむ自然災害におびえて暮らす必要があるのでしょうか。この、じぶんでじぶんの首を絞めているようなハードルの高さとはいったいなんなのでしょうか。

わたしたちには「想像力」がある

『ブルシット・ジョブ』は「なにか有益《ユースフル》なことをしたいと望んでいるすべての人に捧げる」というエピグラフを掲げています。本書はそれにくわえて「すべてのささいな幸福をもとめる人」、そしてそのために「したくないことはなるべくしたくない人」たちに捧げたいともいます。

デヴィッド・グレーバーの短かったけれども創造的で高密度だった知的活動において、もっとも重要な意味をもち、かれ自身、とても愛していたのが、「想像力 (imagination)」という概念でした。くり返しになりますが、かれのすべての作業が、わたしたちの想像力をひろげることに寄与することを目標としていました。

「想像力」という概念は1968年五月革命の有名なスローガン「想像力が権力をとる」あたりでその絶頂をむかえ、それからは凋落の一途をたどり、ずいぶん長いあいだ見捨てられていました。その失墜の過程がネオリベラリズムによる想像力への攻撃の時代であることをおもえば、その符合も納得できるというものですが、それでもわたしたちにとっては手痛い年月だったとおもいます。

「想像力」は、哲学においては「構想力」とも訳される重要な概念ですが、その含意の拡がりについて論じはじめると、ほとんど一書を捧げることになりかねません。かれはこの概念を、そうした哲学の構想力の系譜の延長上においているようにおもいます。つまり、注意しなければならないのは、ここでいう想像力は、現実とかけはなれた空想の飛躍といったニュアンスの意味とは区別されています。グレーバーは、このような想像力の観念は、近代以降の精神と物質世界を二分する思考のフレームの内部でのみ生まれるものであるとします。こうした想像力をかれは、「超越的想像力」と呼びます。それに対し、それ以前、ヨーロッパ中世においては、「想像力」とは、物質界と精神界との双方に浸透し媒介する役割を担っていました。この想像力は、現実と不可分に絡まり合い、むしろ現実を組み立てる要の役割をはたします。これをかれは「内在的想像力」と呼びます(11)。

こうしてみるとかれの想像力の概念が、これまでみてきたかれの価値論のうちに占めるであろう意味もみえてこないでしょうか。つまり、このような想像力は、ケアもふくむ基盤的次元で作動しているものなのです。わたしたちの生きる基盤的次元では、どんなに浅い次元であっても、人は他者の安全を配慮し、心持ちを推測し、必要をおもんぱかっています。そして、ここまでみてきたことから、このような作業がジェンダー的にも階級的にも不均衡に配分されていることはわかるでしょう。力のある人間、ヒエラルキーの上位の人間ほど、こうした次元に配慮せずにことを動かすことができるのですから。そしてまた、このような想像力のネグレクトがまた、生産をモノの生産に限定している発想ともむすびついていることもわかるでしょう。人間の生産、社会的関係の生産のみならず、モノの生産にもこうした想像力は不可欠です。とはいえ、おそらくチャップリンの『モダン・タイムス』の世界は、こうした内在的想像力の作用を可能なかぎり生産過程から根絶した帰結ともいえるでしょう。グレーバーは、生産においては想像力を抹消させながら、それを消費の領域へと封じ込めていく過程に20世紀の問題をみていました。

デヴィッド・グレーバーは、このような「内在的想像力」の開花なしに、未来はないとみていました。もしそれが「想像力が権力をとる」というスローガンの内実であるならば、それはいまだわたしたちの目標でありつづけています。そしてもしそれがわずかずつでも実現にむかっていくとき、そのときこそ、わたしたちのいま手持ちのすべての知的・技術的遺産、そして無数の人類の犠牲のうえに蓄積された膨大な富は、わたしたちの生に敵対することをやめるでしょう。グレーバーは、そのための道はいつもすでにここにあると強調していました(12)。人類は長期にわたって、無数の試行錯誤とともに、その道のための肥沃な土壌をつくってきたのですから。その一歩をふみだすかどうかはわたしたち自身にかかっているのです。

（1）David Graeber, The Utopia of Rules: On Technology, Stupidity, and the Secret Joys of Bureaucracy, Melville House, 2015（酒井隆史訳『官僚制のユートピア――テクノロジー、構造的愚かさ、リベラリズムの鉄則』以文社、２０１７年）

（2）グレーバーは、現代におけるテクノロジーの発展について、むしろそれはネオリベラリズムのもとでの「全面的官僚制化」の重みで大きな制約がかけられ、鈍化している、と述べています。この点については、今回はあまり展開できませんでしたが、『官僚制のユートピア』のとくに「空飛ぶ自動車と利潤率の傾向的低下」の章を参照してください。

（3）David Graeber, Debt: The First 5,000 Years, Melville House, 2011（酒井隆史監訳、高祖岩三郎、佐々木夏子訳『負債論――貨幣と暴力の５０００年』以文社、２０１６年、５６４～５６５ページ）

（4）Lenart J. Kučić, "David Graeber on harmful jobs, odious debt, and fascists who believe in global warming," Disenz (May 16, 2020)(https://www.disenz.net/en/david-graeber-on-harmful-jobs-odious-debt-and-fascists-who-believe-in-global-warming/)

（5）『負債論』（５６４ページ）

（6）Lenart J. Kučić,（前掲）

（7）David Graeber, "Vers une «bullshit economy»,"（前掲）

（8）『負債論』（５８７ページ）

（9）実はこの点は、厳密な意味でのマルクスもおなじでした。史的唯物論において、規定的要因とされているのは「土台」です。「経済」ではありません。もっというと「下部構造」でもありません。そして「土台」とは、人間の生の過程の基底をなす生活とその組織方法です。それが親族関係を介することもあれば、宗教を介することもあります。だからマルクス派は、土台が規定するのは、当該社会において、なにが支配するのか、つまり、宗教が優勢なのか親族関係が優勢なのかを定めるのだ、といいます。

（10）『負債論』（582ページ）

（11）グレーバーの想像力の概念は、いくつかの系譜をもっていますが、フランスの思想家コーネリウス・カストリアディスの著作がそのひとつです。日本語タイトルは「想念」ですが、これはimaginationのことです。ここでの文脈だと、「想像力が社会を創る」になります（江口幹訳『想念が社会を創る』法政大学出版局、1994年）。また、グレーバーの想像力の概念についての展開は、さまざまな場所で散見されますが、日本語で読める範囲でいまもっとも詳しいのは『官僚制のユートピア』の第一章だとおもいます。

（12）Lenart J. Kučić,（前掲）

あとがき

ここまで、ブルシット・ジョブ論を読み解くことにいそがしくて、肝心のそのアイデアの主であるデヴィッド・グレーバーという人そのものにふれることをしていませんでした。かれは残念ながら、『ブルシット・ジョブ』翻訳版の公刊後、日本でもようやくかれの仕事への注目が集まるなかで突然この世を去ってしまいます。59歳という若さでした。

ここでは、紙幅の都合もあり、かれの仕事にふみこんでいく余裕はありません。わたし自身が、かれの亡くなったあと、ある新聞に書いた追悼文の、公表されたのとはやや異なる別ヴァージョンをのせてデヴィッド・グレーバーについての紹介に代えたいとおもいます。

「もう一つの世界は可能だ」という言葉がある。1990年代後半からゼロ年代にかけて世界的に展開した「グローバル・ジャスティス運動」のスローガンである。

その時、世界では、巨大企業や金融、先進諸国の政府が結託して、途上国に膨大な負債を押しつけ、融資や返済の緩和の条件として、社会保障や医療教育予算の削減、貿易の自由化、国内の規制緩和を要求していた。もちろん犠牲になるのはその国の特に弱い立場にある人である。のみならず先進国内でもおなじことが進んでいた。これが冷戦終結後、つかの間の平和の幻想がさめたあとの冷厳な現実だったのである。

労働者階級の両親をもつNYっ子のデヴィッド・グレーバーは、人類学と歴史学に惹かれ、12歳の頃にマヤ文字の解読に熱中する。ハーバード大学のマヤ学者の目にとまり将来が約束されるものの、シカゴ大学大学院で人類学を専攻した。博士論文を書き終えた頃、グローバル・ジャスティス運動と遭遇する。1999年のシアトルの反乱である。アメリカ圏の貿易自由化に反対してWTO閣僚会議の開催地シアトルに世界中の人々が集まった。そして、先住民、自然保護団体や女性の権利組織、労働組合、若者たちが集まって激しい抗議行動をくり返した。その結果このWTOのもくろみは撤回されることになる。

たまたまこの運動に飛び込んだかれが目にしたのは、多様な思想信条をもった人々が、長い時間をかけて合意を形成しながら、みなのやりたいことを最大限に発揮しようとする実践だった。「あたかもすでに自由であるかのように」対等な関係のうちにたがいを尊重し合う世界を形成する試みがそこにあったのだ。クエーカー教徒やフェミニスト、アナキストたちが時間をかけて養ってきた作法だった。グレーバーの目に、マダガスカルでのフィールドワークで遭遇した共同体のあり方が重なった。かれがそこで観察したのは、手の込んだ合意形成過程と国家機能のほぼ停止したなかで自律空間をいとなむ共同体だったのである。

運動への関与をつづけながら、かれは人類学やその領域を超えるすぐれた研究や文章を次々と発表する。2011年には全米を席巻した「オキュパイ運動」に飛び込みながら、「負債」を人類史的に考察した長大な著作を公刊する。人類学者というより古典的人文学者としての力量をみせつけた『負債論』は、「味気ない」専門知識の縦横無尽の駆使にもかかわらずウィットに富んだ語り口で国際的ベストセラーとなり、「最も影響力ある国際的知識人」の一人となった。その後も沸騰する泉のように意表をつくアイデアを著作に結実させていった。『官僚制のユートピア』では、現代がイメージに反して人類史に類をみない「全面的官僚制化」の時代であることを鮮やかに示してみせた。『ブルシット・ジョブ』では、これもイメージに反して「クソどうでもいい」仕事であふれそれが人々を苦しめている現代世界像を提示して世界的な反響を呼んだ。さらに未刊、未訳の重大なテキストも多数残っている。

かれの死は、そんな未到の高みにまで上昇していく知的冒険の只中のものだった。

その死を悼む声は世界中から響いてくる。研究者のみならずかれに接してきた世界中の闘う人々からである。かれの知的活動は「この道（資本主義）しかない」というポスト冷戦イデオロギーに断固として抗い、人類のもつはてしない可能性を開いてみせるものだった。かれの仕事に専門領域を超えた普遍性を与えていたのは、その可能性への確信だったことはまちがいない。

その早逝がアカデミズム内外の人々にショックを与えている理由のひとつは、かれが「これからはじまる時代」の人だったことである。かれは、崩壊しつつあるこの世界の行く末にわたしたちが慄《おのの》くなかで、広大な視野と強靭な知性の裏づけをもって楽天的に来るべき世界の礎をこつこつと築いていた。その途上だったのである。

それでも、かれの教えてくれたものは多くの人の胸に残った。いつだって目を見開いて、この世界にひしめく可能性をみつめてみることが大切だということ。だれも暴力をもって服従を強いられることなく、対等に、たがいを尊重して生きられる自由な世界、そんな「もう一つの世界は可能だ」ということ。それである。

本書はかれの『ブルシット・ジョブ』が、いったいなにをいおうとしているのか、をなるべく多くの人に届けたいということからくわだてたものです。日本でも多くの人の関心を集め、翻訳の公刊以降、この本について話をし、また入門講座というかたちで複数回にわたって解説をするという機会を与えられました。その際の資料やラフな原稿をもとにしながらということもあり、本書は講義形式になりました。

最後に、本書を書くきっかけになったのは、雑誌『現代思想』の編集長から講談社に移られた栗原一樹さんからのお声かけで、講談社現代新書のウェブサイトにブルシット・ジョブとネオリベラリズムというテーマで3回の連載をしたことが本書のもとになっています。栗原さんは途中で異動になり、そのあとを佐藤慶一さんが引き継がれることになりましたが、栗原さんのお声かけなしには本書は存在しえませんでした。佐藤さんによる入れ替えや削除の提案は、たいていい作業しているうちにその的確さがわかって、結局その指摘の通りになっていきました。こうして本書をかたちにすることができました。栗原さん、佐藤さん、ありがとうございました。

講談社現代新書　2645

ブルシット・ジョブの謎《なぞ》　クソどうでもいい仕事《しごと》はなぜ増《ふ》えるか

二〇二一年一二月二〇日第一刷発行　二〇二三年一〇月二五日第九刷発行

著　者　酒《さか》井《い》隆《たか》史《し》

発行者　髙橋明男

発行所　株式会社講談社
　　　　東京都文京区音羽二丁目一二―二一　郵便番号一一二―八〇〇一
電　話　〇三―五三九五―三五二一　編集（現代新書）
　　　　〇三―五三九五―四四一五　販売
　　　　〇三―五三九五―三六一五　業務

装幀者　中島英樹

印刷所　株式会社ＫＰＳプロダクツ

製本所　株式会社ＫＰＳプロダクツ

定価はカバーに表示してあります　Printed in Japan

N.D.C. 360　254p　18cm
ISBN978-4-06-526659-5

「講談社現代新書」の刊行にあたって

教養は万人が身をもって養い創造すべきものであって、一部の専門家の占有物として、ただ一方的に人々の手もとに配布され伝達されうるものではありません。

しかし、不幸にしてわが国の現状では、教養の重要な養いとなるべき書物は、ほとんど講壇からの天下りや単なる解説に終始し、知識技術を真剣に希求する青少年・学生・一般民衆の根本的な疑問や興味は、けっして十分に答えられ、解きほぐされ、手引きされることがありません。万人の内奥から発した真正の教養への芽ばえが、こうして放置され、むなしく滅びさる運命にゆだねられているのです。

このことは、中・高校だけで教育をおわる人々の成長をはばんでいるだけでなく、大学に進んだり、インテリと目されたりする人々の精神力の健康さえもむしばみ、わが国の文化の実質をまことに脆弱なものにしています。単なる博識以上の根強い思索力・判断力、および確かな技術にささえられた教養を必要とする日本の将来にとって、これは真剣に憂慮されなければならない事態であるといわなければなりません。

わたしたちの「講談社現代新書」は、この事態の克服を意図して計画されたものです。これによってわたしたちは、講壇からの天下りでもなく、単なる解説書でもない、もっぱら万人の魂に生ずる初発的かつ根本的な問題をとらえ、掘り起こし、手引きし、しかも最新の知識への展望を万人に確立させる書物を、新しく世の中に送り出したいと念願しています。

わたしたちは、創業以来民衆を対象とする啓蒙の仕事に専心してきた講談社にとって、これこそもっともふさわしい課題であり、伝統ある出版社としての義務でもあると考えているのです。

一九六四年四月　野間省一